KB056436

초등 학교

한자

漢 字

5

상서각

❀ 일러두기 ❀

♣ 이 책은 초등학교 재량활동 시간에 실시하는 漢字 교육용 교재로 활용하기 위해 만든 것으로 6단계 중 5단계입니다. 5단계는 초등학교 5학년 수준을 1권으로 엮었습니다.

♣ 이 책은 중학교와의 연계성을 고려하여 가능한 한 중학교 교육용 漢字 범위 내에서 일상 생활에서 많이 사용되는 漢字와 한자어를 선정하였습니다.

♣ 이 책은 총 12단원으로 꾸며졌습니다. 1단원은 3시간 학습량으로 다음과 같은 체제가 반복되므로 지도선생님께서는 참고하여 지도하여 주시기 바랍니다.

기본학습 ➡ 탐구학습(1) ➡ 읽기·쓰기학습(1) ➡ 기본학습 ➡ 탐구학습(2) ➡ 읽기·쓰기학습(2)
|------------------(1시간)------------------| |------------------(1시간)------------------|

활용학습(1) ➡ 놀이학습 ➡ 활용학습(2) ➡ 연습문제
|------------------(1시간)------------------|

기본 학습

학습 목표를 제시하고 학습 상황을 설정하여 새로 배워야 할 漢字를 개념적으로 익히도록 하였습니다.

탐구 학습

漢字의 자원(字源)이나 짜임을 그림으로 제시하여 漢字를 쉽게 이해하도록 하고 뜻과 음을 스스로 깨닫도록 하였습니다.

 읽기 · 쓰기 학습

새로 배우는 漢字의 뜻과 음을 소리내며 한글로 쓰는 과정을 두어 일반 교재의 소홀한 점을 보완하였고 필순에 따라 쓰는 과정을 통해 익히도록 하였습니다.

 활용 학습

漢字를 익힌 후에 배운 漢字가 들어간 한자어를 제시하여 일상 생활에서 사용되는 예를 들어 문장 속에서 漢字를 익히도록 하였으며, 한자어를 쉽게 풀이하였고 한자 생각 늘리기를 통해 한자에 대한 이해를 넓히도록 하였습니다.

 연습 문제

한 단원을 마치고 학습한 漢字를 연습 문제를 통해 익히고 어느 정도 알고 있는지 스스로 확인해 보도록 하였습니다. 쉬운 漢字는 쓰는 문제까지 제시하였으나 대부분이 뜻과 음을 적는 수준으로 하였습니다.

 놀이 학습

지금까지 학습 과정을 거치는 동안 읽고 쓰는데 중점을 두었기 때문에 흥미도를 높이기 위해 놀이, 게임, 이야기 자료 등을 통해 漢字 공부에 대한 친근감과 학습효과를 높이도록 하였습니다. 놀이 학습을 강조한 점이 이 책의 특징이라 할 수 있습니다.

❊ 단원 지도 계획 ❊

	단원명	지도 쪽수	시간	비고
1	자연 관찰	8, 10, 11	1	
		9, 14, 15	1	
		12, 13, 16, 17	1	
2	다정한 친구	18, 20, 21	1	
		19, 24, 25	1	
		22, 23, 26, 27	1	
3	감정을 표현해 보자	28, 30, 31	1	
		29, 34, 35	1	
		32, 33, 36, 37	1	
4	은행가는 길	38, 40, 41	1	
		39, 44, 45	1	
		42, 43, 46, 47	1	
5	공장을 찾아서	48, 50, 51	1	
		49, 54, 55	1	
		52, 53, 56, 57	1	
6	시장 구경	58, 60, 61	1	
		59, 64, 65	1	
		62, 63, 66, 67	1	
7	교통과 통신	68, 70, 71	1	
		69, 74, 75	1	
		72, 73, 76, 77	1	
8	복잡한 도시 생활	78, 80, 81	1	
		79, 84, 85	1	
		82, 83, 86, 87	1	
9	나의 특기를 살리자	88, 90, 91	1	
		89, 94, 95	1	
		92, 93, 96, 97	1	
10	환경을 보존하자	98, 100, 101	1	
		99, 104, 105	1	
		102, 103, 106, 107	1	
11	병원에 갔던 일	108, 110, 111	1	
		109, 114, 115	1	
		112, 113, 116, 117	1	
12	독서 지도	118, 120, 121	1	
		119, 124, 125	1	
		122, 123, 126, 127	1	
계			36	

◉ 차 례 ◉

1. 자연 관찰

 기본 학습

◆ 자연 변화에 관심을 가지면서 한자어를 읽어 봅시다.

溫度　　大寒　　寒冷

方位　　雲量　　三寒四溫

새 로 배 우 는 한 자

溫 (온) 따뜻하다　　度 (도) 법도　　寒 (한) 차다

冷 (랭, 냉) 차다　　雲 (운) 구름　　位 (위) 벼슬

◆ 다음 한자어를 소리내어 읽어 봅시다.

觀察　　不察

效果　　可能

下降

새 로 배 우 는 한 자

觀 (관) 보다　　察 (찰) 살피다　　效 (효) 효험

能 (능) 능하다　降 (강) 내리다　常 (상) 항상　　可 (가) 옳다

9

 **탐구 학습 (1)**

◆ 그림을 보면서 한자(漢字)의 뜻과 음(音)을 알아봅시다.

溫 뜻 따뜻할 읽기 온	→ 氵 + 昷 → 溫 　　(물)　(온화함) 죄수에게 온화한 마음으로 물을 준다 하여 '따뜻하다'의 뜻이 됨.	• 이 한자는 무슨 　뜻인가요?
度 뜻 법도 읽기 도	→ 庶 → 度 집에서 엮은 고기를 잡고서 길이를 잰 다는 뜻임.	• 이 한자는 무슨 　뜻인가요?
寒 뜻 찰 읽기 한	→ 寒 → 寒 움집에서 추위에 떨고 있는 모양을 본 뜬 글자임.	• 이 한자는 무슨 　뜻인가요?
冷 뜻 찰 읽기 랭, 냉	→ 冫 + 令 → 冷 　　(얼음)　(명령) 얼음에게 명령하여 차게 한다는 뜻임.	• 이 한자는 무슨 　뜻인가요?
雲 뜻 구름 읽기 운	→ 雨 + 云 → 雲 　　(비)　(말하다) 비가 올 것을 말하여 주는 것이 구름이 라는 뜻임.	• 이 한자는 무슨 　뜻인가요?

◆ 아래 한자(漢字)의 뜻과 음(音)을 소리내어 읽으면서 써 봅시다.

溫	따뜻할 **온**	따뜻할 온		
度	법도 **도**	법도 도		
寒	찰 **한**	찰 한		
冷	찰 **랭, 냉**	찰 랭, 냉		
雲	구름 **운**	구름 운		

◆ 아래 한자(漢字)를 쓰는 순서에 맞게 써 봅시다.

溫	氵 氵 氵 沪 沪 沪 溫 溫 溫				
	溫				
度	丶 广 广 广 庐 庐 庐 度 度				
	度				
寒	丶 宀 宀 宀 宀 宇 宙 宲 寒 寒				
	寒				
冷	丶 冫 冫 冫 冷 冷 冷				
	冷				
雲	一 广 币 币 雩 雩 雩 雲				
	雲				

활용 학습 (1)

一 생활 속의 한자

1) 건강한 사람의 몸의 溫度는 36.5度입니다.
2) 올해 大寒에는 몹시 추웠습니다.
3) 요즘 며칠동안 寒冷 전선의 영향으로 몹시 추웠습니다.
4) 기상도에는 雲量이 나타나 있습니다.
5) '동·서·남·북'을 四方位라 합니다.
6) 우리나라 겨울철은 三寒四溫으로 겨울을 지내기가 좋습니다.

二 한자어 풀이

1) 溫度(온도) : 덥고 찬 정도.
2) 大寒(대한) : 24절기 중 마지막 절기.
3) 寒冷(한랭) : 춥고 차가움.
4) 雲量(운량) : 구름의 양.
5) 四方位(4방위) : 동·서·남·북의 방향.
6) 三寒四溫(삼한사온) : 3일은 춥고 4일은 따뜻함.

三 한자 생각 늘리기

▶ '冷'은 낱말의 앞에 올 때는 '냉'으로 발음됩니다.

寒冷(한랭) ◀ 冷 ▶ 冷水(냉수)

▶ 뜻이 같은 한자

차다 ── 寒(한), 冷(랭)

▶ 한자의 쓰임

位 ▶ 方位(방위), 水位(수위)

놀이 학습

◗ 다음 그림을 보고 '溫'끼리는 赤色으로, '冷'끼리는 靑色으로 이어 봅시다.

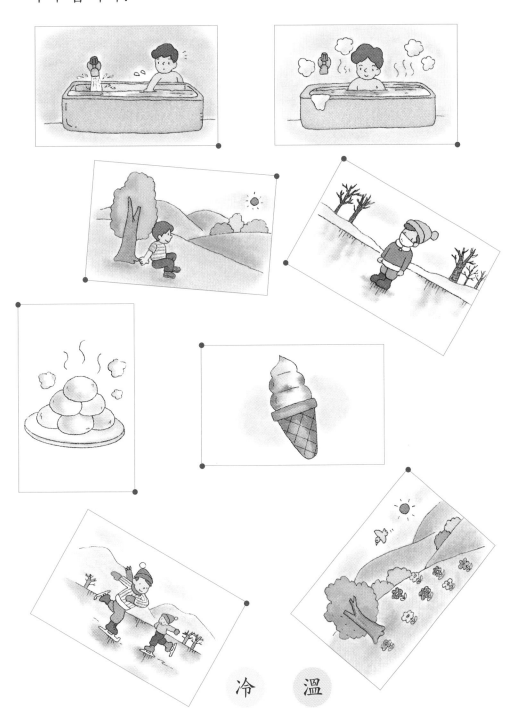

13

◆ 그림을 보면서 한자(漢字)의 뜻과 음(音)을 알아봅시다.

觀	雚 + 見 → 觀 (황새) (보다)	
뜻 볼 읽기 관	황새가 한 바퀴 빙 돌며 먹을 것을 찾기 위해 자세히 본다는 데서 '보다'의 뜻이 됨.	● 이 한자는 무슨 뜻인가요?
察	宀 + 祭 → 察 (집) (제사)	
뜻 살필 읽기 찰	집에서 지내는 제사상을 정성껏 돌본다 하여 '살피다'의 뜻이 됨.	● 이 한자는 무슨 뜻인가요?
效	交 + 攵 → 效 (사귀다) (두드리다)	
뜻 효험 읽기 효	어질고 학식있는 사람과 사귀도록 가르쳐서 좋은 점을 본받게 하면 인격 형성에 '효험'이 있다는 뜻.	● 이 한자는 무슨 뜻인가요?
能	厶(머리) 月 + 比 → 能 (몸) (곰발)	
뜻 능할 읽기 능	곰의 형상을 본뜬 글자로 곰을 뜻하였으나 곰이 재주가 많다는 데서 '능하다'의 뜻이 됨.	● 이 한자는 무슨 뜻인가요?
降	阝 + 夅 → 降 (언덕) (천천히)	
뜻 내릴 읽기 강	언덕에서 천천히 걸어 내려온다는 뜻임.	● 이 한자는 무슨 뜻인가요?

 읽기·쓰기 학습 (2)

◆ 아래 한자(漢字)의 뜻과 음(음)을 소리내어 읽으면서 써 봅시다.

觀	볼 **관**	볼 **관**	
察	살필 **찰**	살필 **찰**	
效	효험 **효**	효험 **효**	
能	능할 **능**	능할 **능**	
降	내릴 **강**	내릴 **강**	

◆ 아래 한자(漢字)를 쓰는 순서에 맞게 써 봅시다.

觀	⺤ 苗 芦 芦 萑 萑 勸 觀 觀 觀					
察	⺀ 宀 灾 灾 灾 空 窣 察 察 察					
效	⺀ 一 亠 六 方 交 交 交 效 效 效					
能	⺀ 厶 月 台 台 台 能 能 能 能					
降	⻖ 阝 阝 降 降 降 降 降					

一 생활 속의 한자

1) 과학자는 觀察하는 태도가 남다릅니다.

2) 공놀이를 하다 유리창을 깬 것은 저의 不察입니다.

3) 무슨 일이든 可能하면 效果적인 방법으로 해야 합니다.

4) 밤에는 기온이 5度나 下降하였습니다.

二 한자어 풀이

1) 觀察(관찰) : 사물을 살펴봄.

2) 不察(불찰) : 잘 살펴보지 못한 탓으로 생긴 잘못.

3) 可能(가능) : 할 수 있음.

4) 效果(효과) : 어떤 일의 드러난 결과.

5) 下降(하강) : 내려감.

三 한자 생각 늘리기

▶ 한자의 쓰임

常 ➡ 常時(상시), 常用(상용), 常溫(상온)

可 ➡ 可能(가능)

연습 문제

◑ 다음 뜻과 음(音)의 한자(漢字)를 보기에서 골라 번호를 ( ) 안에 써 봅시다.

> 보기 ① 度   ② 能   ③ 冷   ④ 雲

1. 법도 도 (   )   2. 구름 운 (   )

3. 능할 능 (   )   4. 찰 랭 (   )

◑ 다음 한자(漢字)를 선으로 이어 한자어를 만들어 봅시다.

5. 溫 •   • 度

6. 觀 •   • 下

7. 降 •   • 察

8. 寒 •   • 冷

9. 다음 중 '溫'과 뜻이 맞서는 뜻의 한자(漢字)를 골라 번호를 써 봅시다 ······································ (   )

    ① 度   ② 冷   ③ 果   ④ 效

10. 다음 중 '寒'과 뜻이 같은 한자(漢字)를 골라 번호를 써 봅시다 ······································ (   )

    ① 冷   ② 度   ③ 效   ④ 能

◑ 다음 한자어를 읽어 봅시다.

11. 溫度 ◯◯   12. 效果 ◯◯

2. 다정한 친구

 기본 학습

◈ 다정한 친구를 생각하며 한자어를 읽어 봅시다.

心性　　往來　　告別

忠告　　朋友

새 로 배 우 는 한 자

性 (성) 성품　　　竹 (죽) 대나무　　　往 (왕) 가다

告 (고) 알리다　　朋 (붕) 벗　　　　姓 (성) 성

18

◆ 다음 한자어를 소리내어 읽어 봅시다.

談笑　　便紙

便利　　色紙

새로배우는한자

談 (담) 이야기　　笑 (소) 웃다　　便 (편) 편하다, (변) 오줌

紙 (지) 종이　　友 (우) 벗　　氏 (씨) 성씨

◆ 그림을 보면서 한자(漢字)의 뜻과 음(音)을 알아봅시다.

性	(마음) (나다) → 忄+生 → 性	• 이 한자는 무슨 뜻인가요?
뜻 성품 **읽기** 성	사람이 타고날 때부터 가지고 있는 마음으로 '성품'의 뜻이 됨.	
竹	→ 艸 → 竹	• 이 한자는 무슨 뜻인가요?
뜻 대 **읽기** 죽	대나무 모양을 본떠서 만든 글자로 '대나무'를 뜻함.	
往	→ 彳+主 → 往 (두사람) (주인)	• 이 한자는 무슨 뜻인가요?
뜻 갈 **읽기** 왕	彳(두 사람이라는 뜻)과 主(주인)가 합쳐져 된 글자로 '가다'의 뜻임.	
告	→ 牛+口 → 告 (소) (입)	• 이 한자는 무슨 뜻인가요?
뜻 알릴 **읽기** 고	가뭄이 들면 소를 잡아 신에게 바치고 입으로 고하여 '알린다'는 뜻임.	
朋	→ 刖刖 → 朋	• 이 한자는 무슨 뜻인가요?
뜻 벗 **읽기** 붕	몸과 몸을 맞대고 다정히 노는 사이가 벗(친구)이라는 뜻임.	

◆ 아래 한자(漢字)의 뜻과 음(音)을 소리내어 읽으면서 써 봅시다.

性	성품 **성**	성품 성		
竹	대 **죽**	대 죽		
往	갈 **왕**	갈 왕		
告	알릴 **고**	알릴 고		
朋	벗 **붕**	벗 붕		

◆ 아래 한자(漢字)를 쓰는 순서에 맞게 써 봅시다.

性	丶 丶 忄 忄 忄 忭 性 性
	性
竹	丿 丶 ⺮ ⺮ ⺮ 竹
	竹
往	丶 丿 彳 彳 徃 徃 往 往
	往
告	丿 丶 ⺧ 告 牛 告 告
	告
朋	丿 刀 月 月 刖 朋 朋 朋
	朋

활용 학습 (1)

一 생활 속의 한자

1) 민호는 心性이 좋아 친구가 많습니다.

2) 우리 가족은 고모네 가족과 자주 往來를 합니다.

3) 학교를 떠나시는 선생님께서 告別 인사를 하셨습니다.

4) 친한 친구라도 잘못된 일을 보면 忠告를 해 주어야 합니다.

5) 아버지와 저의 담임 선생님은 朋友 사이입니다.

二 한자어 풀이

1) 心性(심성) : 변하지 않는 참된 마음.

2) 往來(왕래) : 가고 오는 것.

3) 告別(고별) : 이별을 알리는 것.

4) 忠告(충고) : 착한 길로 권고함.

5) 朋友(붕우) : 벗.

三 한자 생각 늘리기

▶ 한자의 쓰임

性 ➡ 品性(품성), 心性(심성)

朋 ➡ 朋友(붕우)

▶ 음이 같은 한자

성 ── 性(성품 성), 姓(성 성)

○ 다음 글을 읽으면서 진정한 우정을 생각해 봅시다.
그리고 선생님께 아래 □ 안에 들어갈 한자(漢字)를 배워 봅시다.

竹 馬 □ 友
죽 마 고 우

뜻 : 어릴 때부터 지내온 친한 벗

한 젊은이가 열심히 공부를 하여 관직을 맡게 되었다. 그가 임지로 떠나는 날 여러 친구들이 배웅을 하며 훌륭한 사람이 되어 성공하기를 빌었다.

그 중 먼저 관직에 몸담고 있던 친구가 그에게 말했다.

"여보게, 관직에서 일하려면 무엇보다도 참고 자제할 줄 알아야 한다네."

그는 친구의 충고에 깊은 우정을 느끼며 명심하겠다고 약속을 했다. 그래도 친구는 마음이 놓이질 않았는지

"무엇이든 잘 참아야 한다네."

하고 다시 말했다.

한참 있다 친구는 그에게 다시 당부를 했다.

"몇 번이라도 참아야 한다네."

그는 고개를 끄덕이며 잘 알고 있다고 대답했다.

그가 전송객들과 인사를 마치고 갈 때 친구는 다시 한 번 같은 말을 되풀이했다.

그러자 그는,

"이봐, 자네가 날 놀리는 건가? 참으라, 참으라, 도대체 몇 번씩이나 같은 말을 하는가?"

하고 화를 냈다.

이렇게 되자 친구는 한탄을 하듯 말했다.

"인내하는 것이 얼마나 어려운지 잘 알았을 거네. 고작 네 번 말했을 뿐인데, 자네는 그걸 못 참고 화를 냈다네…"

◆ 그림을 보면서 한자(漢字)의 뜻과 음(音)을 알아봅시다.

談	言 + 炎 → 談 (말) (화로)	• 이 한자는 무슨 뜻인가요?
뜻 이야기 읽기 담	화롯가에 둘러앉아 이야기를 나눈다는 데서 '이야기, 말씀'의 뜻이 됨.	
笑	竹竹 → 笑	• 이 한자는 무슨 뜻인가요?
뜻 웃을 읽기 소	대나무가 휘어지듯, 웃으면 몸이 구부러 지는 모습을 본뜬 글자로 '웃다'의 뜻임.	
便	人 + 更 → 便 (사람) (대신하다)	• 이 한자는 무슨 뜻인가요?
뜻 편할 읽기 편	사람을 대신하여 일한다는 데서 '편하 다'의 뜻이 됨.	
紙	糸 + 氏 → 紙 (실) (성)	• 이 한자는 무슨 뜻인가요?
뜻 종이 읽기 지	나무에서 나온 섬유질로 실같이 얽히듯 하여 만든 '종이'라는 뜻임.	
友	+ 又 → 友 (양 손 모양) (또)	• 이 한자는 무슨 뜻인가요?
뜻 벗 읽기 우	손에 손을 잡고 반기는 사이가 벗이라 는 뜻임.	

◈ 아래 한자(漢字)의 뜻과 음(音)을 소리내어 읽으면서 써 봅시다.

談	이야기 **담**	이야기 담	
笑	웃을 **소**	웃을 소	
便	편할 **편**	편할 편	
紙	종이 **지**	종이 지	
友	벗 **우**	벗 우	

◈ 아래 한자(漢字)를 쓰는 순서에 맞게 써 봅시다.

談	〩 〩 言 言 言 談 談	
	談	
笑	ノ 𠂉 𥫗 𥫗 𥫗 𥫗 笑 笑	
	笑	
便	ノ イ イ 仁 佢 佢 便 便	
	便	
紙	𥄢 𥄢 𥄢 𥄢 𥄢 𥄢 紅 紙 紙	
	紙	
友	一 ナ 方 友	
	友	

활용 학습 (2)

一 생활 속의 한자

1) 어머니 친구분들이 방에서 談笑를 나누고 계십니다.

2) 나는 어제 작은아버지께 便紙를 썼습니다.

3) 지하철은 복잡한 도시 생활에서는 便利한 교통수단입니다.

4) 요즘 휴대전화는 언제 어디서나 통화할 수 있어 便利합니다.

5) 미술 時間에 色紙에 그림을 그렸습니다.

6) 우리 반은 金氏 姓을 가진 사람이 많습니다.

二 한자어 풀이

1) 談笑(담소) : 웃으면서 이야기 함.

2) 便紙(편지) : 소식을 적어 보내는 글.

3) 便利(편리) : 편하고 이로움.

4) 色紙(색지) : 색종이.

5) 金氏(김씨) : 성의 하나.

三 한자 생각 늘리기

▶ 같은 글자인데 소리가 다르게 나는 한자

便 ┬ 便利(편리)
　　└ 便所(변소) : 화장실

▶ 한자의 쓰임

友 ➞ 交友(교우), 朋友(붕우), 親友(친우)

◐ 다음 한자(漢字)의 뜻을 보기 에서 찾아 번호를 ( ) 안에 써 봅시다.

> 보기   ① 알리다   ② 이야기하다   ③ 벗   ④ 웃다

1. 告 (   )   2. 朋 (   )

3. 笑 (   )   4. 談 (   )

◐ 다음 한자어의 음(音)을 써 봅시다.

5. 竹林   ◯ ◯

6. 談笑   ◯ ◯

7. □ 안의 한자어를 바르게 읽은 것은 어느 것입니까? ( ) 안에 ◯표를 하여 봅시다.

便 紙   ① 변 (   )   ③ 편 (   )
          ② 사 (   )   ④ 리 (   )

◐ 다음 한자(漢字)에 알맞은 그 뜻과 음(音)을 선으로 이어 봅시다.

8. 竹 •   • 알릴 고

9. 告 •   • 대 죽

10. 友 •   • 벗 우

3. 감정을 표현해 보자

 기본 학습

◆ 즐거운 감정을 생각하며 한자어를 읽어 봅시다.

喜   怒

哀   樂

音樂   合唱   報答

새 로 배 우 는 한 자

喜 (희) 기쁘다   怒 (노) 성내다   哀 (애) 슬프다

樂 (락) 즐겁다   唱 (창) 노래부르다   報 (보) 갚다

28

◆ 다음 한자어를 소리내어 읽어 봅시다.

悲哀   明快   滿足

喜悅   反省   反復

 탐구 학습 (1)

◆ 그림을 보면서 한자(漢字)의 뜻과 음(音)을 알아봅시다.

喜	→壴 + 口 → 喜 (북) (입) 북을 치며 노래를 부르니 '기쁘다'는 뜻임.	• 이 한자는 무슨 뜻인가요?
뜻 기쁠 읽기 희		
怒	→奴 + 心 → 怒 (종) (마음) 종살이하는 자의 마음같이 속으로 '성내다'는 뜻임.	• 이 한자는 무슨 뜻인가요?
뜻 성낼 읽기 노		
哀	→衣 + 口 → 哀 (옷) (입) 옷으로 입을 막고 슬프게 운다는 데서 '슬프다'의 뜻임.	• 이 한자는 무슨 뜻인가요?
뜻 슬플 읽기 애		
樂	→ → 樂 나무로 만든 악기 모양으로 음악을 들으면 '즐겁다'는 뜻이 됨.	• 이 한자는 무슨 뜻인가요?
뜻 즐거울 읽기 락		
唱	→口 + 昌 → 唱 (입) (창성하다) 입으로 창성하게 '노래부른다'는 뜻임.	• 이 한자는 무슨 뜻인가요?
뜻 노래부를 읽기 창		

30

◆ 아래 한자(漢字)의 뜻과 음(音)을 소리내어 읽으면서 써 봅시다.

喜	기쁠 **희**	기쁠 희	
怒	성낼 **노**	성낼 노	
哀	슬플 **애**	슬플 애	
樂	즐거울 **락**	즐거울 락	
唱	노래부를 **창**	노래부를 창	

◆ 아래 한자(漢字)를 쓰는 순서에 맞게 써 봅시다.

喜	一 十 士 吉 吉 壴 喜				
	喜				
怒	𡛪 𡛪 𡛪 如 奴 奴 怒 怒				
	怒				
哀	丶 一 亠 吂 产 宧 宧 哀				
	哀				
樂	丿 𦤔 白 絈 絈 樂 樂 樂 樂				
	樂				
唱	口 唱 唱 唱 唱				
	唱				

활용 학습 (I)

一 생활 속의 한자

1) 사람은 喜怒哀樂을 느끼며 살아갑니다.

2) 나는 音樂時間이 즐겁습니다.

3) 음악 시간에는 남자 · 여자로 나누어 2부 合唱을 불렀습니다.

4) 은혜를 입은 사람은 報答을 할 줄 알아야 합니다.

二 한자어 풀이

1) 喜怒哀樂(희노애락) : 기쁘고 노엽고 슬프고 즐거움.

2) 音樂時間(음악시간) : 음악에 대한 공부를 하는 시간.

3) 合唱(합창) : 여러 사람이 소리를 맞추어 노래를 함.

4) 報答(보답) : 은혜를 갚음.

三 한자 생각 늘리기

▶ '樂'자는 '락'으로 발음되나 '音樂'할 때는 '악'으로 발음됩니다.

▶ 한자의 쓰임

報 ➡ 報恩(보은), 報答(보답), 報告(보고)

놀이 학습

○ 다음 이야기를 읽으며 이야기의 내용에 알맞은 한자(漢字)를 보기에서 찾아 써 봅시다.

보기   喜   怒   哀   樂

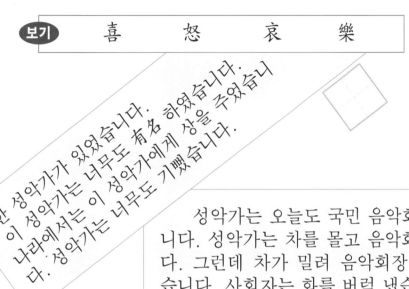

한 성악가가 있었습니다. 이 성악가는 너무도 有名하였습니다. 나라에서는 이 성악가에게 상을 주었습니다. 성악가는 너무도 기뻤습니다.

성악가는 오늘도 국민 음악회에 초청되었습니다. 성악가는 차를 몰고 음악회장으로 갔습니다. 그런데 차가 밀려 음악회장에 늦게 도착했습니다. 사회자는 화를 버럭 냈습니다.

그러나 사회자가 만들어 준 악보를 성악가는 차분히 읽고 나갔습니다. 성악가가 노래를 부르기 시작했습니다. 관중들이 박수를 치며 즐거워하였습니다.

이 성악가는 너무도 有名해서 처음 부르는 노래도 악보만 보면 바로 노래를 부를 수 있었습니다. 그런데 노래를 열정적으로 부르던 성악가가 갑자기 쓰러지더니 숨지고 말았습니다. 악보에 숨표가 없었기 때문입니다. 관중들이 모두 슬퍼했습니다.

◆ 그림을 보면서 한자(漢字)의 뜻과 음(音)을 알아봅시다.

悲 뜻 | 슬플 읽기 | 비	→ 非 + 心 → 悲 (아니다) (마음) 일이 뜻대로 되지 아니하여 마음이 아파 '슬프다'는 뜻임.	● 이 한자는 무슨 뜻인가요?
快 뜻 | 즐거울 읽기 | 쾌	忄 + 夬 → 快 (마음) (쾌활하다) 마음을 터놓고 노니 '즐겁다'는 뜻임.	● 이 한자는 무슨 뜻인가요?
悅 뜻 | 기쁠 읽기 | 열	忄 + 兌 → 悅 (마음) (기쁘다) 마음이 기쁘다는 뜻으로 '기쁘다'의 뜻이 됨.	● 이 한자는 무슨 뜻인가요?
滿 뜻 | 가득할 읽기 | 만	→ 氵 + 㒼 → 滿 (물) 그릇에 물이 가득 차서 넘쳐 흐른다는 데서 '가득'이라는 뜻임.	● 이 한자는 무슨 뜻인가요?
省 뜻 | 살필 읽기 | 성	→ 少 (적다) 目 (눈) → 省 적은 것까지도 눈으로 살핀다는 데서 만들어진 글자임.	● 이 한자는 무슨 뜻인가요?

◇ 아래 한자(漢字)의 뜻과 음(音)을 소리내어 읽으면서 써 봅시다.

悲	슬플 **비**	슬플 비	
快	즐거울 **쾌**	즐거울 쾌	
悅	기쁠 **열**	기쁠 열	
滿	가득할 **만**	가득할 만	
省	살필 **성**	살필 성	

◇ 아래 한자(漢字)를 쓰는 순서에 맞게 써 봅시다.

悲	㇑ ㇐ ㇓ ㇕ 非 非 非 悲 悲 悲 悲			
	悲			
快	㇑ ㇐ ㇑ ㇑ 快 快			
	快			
悅	㇑ ㇐ ㇑ ㇑ ㇑ ㇑ 悅 悅 悅 悅			
	悅			
滿	㇔ ㇔ ㇔ 汢 汢 滞 滞 滿 滿			
	滿			
省	㇑ ㇐ ㇒ 少 少 省 省 省 省			
	省			

✂ 활용 학습 ⑵

一 생활 속의 한자

1) 친구가 배신했을 때 悲哀를 느낍니다.

2) 先生님께서는 問題의 答을 明快하게 가르쳐 주셨습니다.

3) 민수는 무슨 일이든 滿足하지 못하고 不平不滿을 잘합니다.

4) 사람들은 게임에서 이겼을 때 喜悅을 느낍니다.

5) 나는 일기를 쓰면서 하루의 생활에 대해 反省을 합니다.

6) 축구 선수들이 反復 동작으로 훈련을 하고 있었습니다.

二 한자어 풀이

1) 悲哀(비애) : 슬프고 서러움.

2) 明快(명쾌) : 명백하여 시원함.

3) 滿足(만족) : 마음에 흡족함.

4) 喜悅(희열) : 기쁨.

5) 反省(반성) : 자기가 한 일을 스스로 되돌아 살핌.

6) 反復(반복) : 한 일을 되풀이 함.

三 한자 생각 늘리기

▶ 뜻이 같은 한자.

| 즐겁다 | —— 快(쾌), 樂(락 · 악) |

| 기쁘다 | —— 喜(희), 悅(열) |

▶ 한자의 쓰임

| 復 | ➡ 反復(반복), 回復(회복) |

36

◑ 다음 그림을 보고 알맞은 한자(漢字)를 보기 에서 골라 번호를 ( ) 안에 써 봅시다.

| 보기 | ① 喜 | ② 怒 | ③ 哀 | ④ 樂 |

1.

( )

2.

( )

◑ 다음 한자어를 읽어 봅시다.

3. 喜悲 ◯◯   4. 哀樂 ◯◯

◑ 다음 한자(漢字)의 뜻과 음(音)을 써 봅시다.

5. 唱 ( )   6. 滿 ( )

7. 悅 ( )   8. 省 ( )

9. 다음에서 '悅'과 뜻이 비슷한 한자(漢字)를 찾아 ( ) 안에 ◯표를 하여 봅시다.

① 怒 ( )   ② 喜 ( )   ③ 滿 ( )   ④ 快 ( )

◑ 다음 밑줄 친 낱말의 뜻을 가진 한자(漢字)를 써 봅시다.

10. 할아버지가 돌아가셔서 <u>슬픕니다.</u>

11. 오락 시간은 매우 <u>즐겁습니다.</u>

4. 은행가는 길

◆ 경제생활을 생각하며 한자어를 읽어 봅시다.

貴下　呼名　銀行

貯金　　元金　　合心

主客

새 로 배 우 는 한 자

貴 (귀) 귀하다　　呼 (호) 부르다　　銀 (은) 은

貯 (저) 쌓다　　合 (합) 합하다　　客 (객) 손

◆ 다음 한자어를 소리내어 읽어 봅시다.

財産　　　　生産

貧富　　　　財貨

訪問客

새로배우는한자

財 (재) 재물　　　産 (산) 낳다　　　貧 (빈) 가난하다

富 (부) 부유하다　　貨 (화) 재물　　　訪 (방) 찾다

◆ 그림을 보면서 한자(漢字)의 뜻과 음(音)을 알아봅시다.

貴 뜻 귀할 읽기 귀	→ ⟨兲⟩ → 貴 삼태기 같은 광주리에 돈을 담아 소중히 간직한다는 데서 '귀하다'의 뜻이 됨.	• 이 한자는 무슨 뜻인가요?
呼 뜻 부를 읽기 호	口 + 乎 → 呼 (입 구) (그런가 호) 입으로 부른다는 뜻임.	• 이 한자는 무슨 뜻인가요?
銀 뜻 은 읽기 은	→ 金 + 艮 → 銀 (쇠) (한정하다) '은'은 무한정 있는 것이 아니라 희소하 다는 뜻임.(흰빛 나는 쇠붙이의 하나)	• 이 한자는 무슨 뜻인가요?
貯 뜻 쌓을 읽기 저	→ 貝 + 宀(집) 丁 → 貯 (돈) (고무래) 돈을 집 안에 고무래로 높이 쌓는다는 뜻임.	• 이 한자는 무슨 뜻인가요?
合 뜻 합할 읽기 합	→ 合 → 合 그릇 뚜껑을 덮는 모양으로 '합하다'의 뜻임.	• 이 한자는 무슨 뜻인가요?

�আ 아래 한자(漢字)의 뜻과 음(音)을 소리내어 읽으면서 써 봅시다.

貴	귀할 **귀**	귀할 귀	
呼	부를 **호**	부를 호	
銀	은 **은**	은 은	
貯	쌓을 **저**	쌓을 저	
合	합할 **합**	합할 합	

�আ 아래 한자(漢字)를 쓰는 순서에 맞게 써 봅시다.

貴	⺀ 口 口 中 虫 虫 毒 貴 貴				
	貴				
呼	�١ ⼞ 口 吖 吖 吁 吘 呼				
	呼				
銀	⺀ ⼈ ⼇ 牟 余 金 金 釒 釘 鉬 鋷 銀				
	銀				
貯	⼁ ⼞ 月 貝 貯 貯 貯 貯				
	貯				
合	⺀ 人 人 合 合 合				
	合				

🔑 활용 학습 (1)

一 생활 속의 한자

1) 윗사람에게 편지를 쓸 때는 ○○○ 貴下라고 합니다.
2) 한참을 기다리고 있는데 창구에서 나를 呼名했습니다.
3) 나는 貯金하러 銀行에 자주 갑니다.
4) 저금을 하면 元金에 利子가 붙습니다.
5) 우리 반은 合心하여 교실을 아름답게 꾸몄습니다.
6) 친구가 놀러와 내 책상정리를 해 주어 主客이 바뀐 듯
   했습니다.

二 한자어 풀이

1) 貴下(귀하) : 상대방을 높이는 뜻을 나타내는 말.
2) 呼名(호명) : 이름을 부름.
3) 貯金(저금) : 돈을 모아 둠.
4) 銀行(은행) : 돈을 받아 주거나 빌려 주는 곳.
5) 元金(원금) : 처음 맡긴 돈.
6) 合心(합심) : 마음을 합침.
7) 主客(주객) : 주인과 손님.

三 한자 생각 늘리기

▶ '貝'의 뜻에 대해 알아 보기
   재물이나 돈과 관련이 있는 한자는 '貝'(조개)라는 글
   자가 함께 있는 경우가 많은데 이것은 옛날 사람들은
   조개를 화폐로 썼기 때문입니다.(貯, 財, 貨)

▶ 서로 뜻이 맞서는 한자
   主(주인) ◀──▶ 客(손님)

▶ 한자의 쓰임

   | 客 | ➡ 主客(주객), 客室(객실)

한자야, 어디 있니?

◯ 다음 한자(漢字)가 어디에 숨어 있는지 찾아봅시다.

◀찾아야 할 한자▶
貴 合 銀 貯 財 産 貧 富

◆ 그림을 보면서 한자(漢字)의 뜻과 음(音)을 알아봅시다.

財	→貝+才→ 財 (조개) (바탕) 삶의 바탕이 되는 돈이나 값나가는 물건을 모아 쌓은 '재물'이라는 뜻임.	• 이 한자는 무슨 뜻인가요?
뜻 재물 읽기 **재**		
産	→产+生→ 産 (선비) (나다) 남자 아이를 낳는다는 뜻으로 '낳다'의 뜻이 됨.	• 이 한자는 무슨 뜻인가요?
뜻 낳을 읽기 **산**		
貧	→分+貝→ 貧 (나누다) (조개) 조개를 칼로 나눈다는 뜻으로 즉 칼로 재물을 나누어 적어져서 '가난하다'는 뜻임.	• 이 한자는 무슨 뜻인가요?
뜻 가난할 읽기 **빈**		
富	→ 富 → 富 집 안에 재물이 많이 쌓여 있는 모습으로 '부유하다'의 뜻임.	• 이 한자는 무슨 뜻인가요?
뜻 부유할 읽기 **부**		
貨	→化+貝→ 貨 (변하다) (돈) 팔면 변하여 돈이 되는 것이 재물이라는 뜻임.	• 이 한자는 무슨 뜻인가요?
뜻 재물 읽기 **화**		

◆ 아래 한자(漢字)의 뜻과 음(音)을 소리내어 읽으면서 써 봅시다.

財	재물 **재**	재물 **재**		
産	낳을 **산**	낳을 **산**		
貧	가난할 **빈**	가난할 **빈**		
富	부유할 **부**	부유할 **부**		
貨	재물 **화**	재물 **화**		

◆ 아래 한자(漢字)를 쓰는 순서에 맞게 써 봅시다.

財	丨 冂 冃 月 貝 貝 貯 財 財
	財
産	丶 亠 亠 立 产 产 产 产 彦 産 産
	産
貧	丿 八 分 分 分 贫 貧
	貧
富	丶 宀 宀 宫 宫 富 富
	富
貨	亻 化 作 侰 貨
	貨

활용 학습 (2)

一 생활 속의 한자

1) 저금을 하면 그만큼 財産이 늘어나게 됩니다.

2) 공장에서는 짧은 시간에 많은 물건을 生産해 냅니다.

3) 복지 정책이 잘된 나라일수록 貧富의 차이가 크지 않습니다.

4) 대부분의 사람들은 財貨를 많이 모으려고 합니다.

5) 은행에는 訪問客이 많이 찾아옵니다.

二 한자어 풀이

1) 財産(재산) : 개인이나 집단이 가지는 재물.

2) 生産(생산) : 물건을 만들어 내거나 캐어냄.

3) 貧富(빈부) : 가난한 사람과 부자.

4) 財貨(재화) : 재물이나 돈.

5) 訪問客(방문객) : 남을 찾아 온 사람.

三 한자 생각 늘리기

▶ 서로 뜻이 맞서는 한자

貧(가난하다) ◀──▶ 富(부유하다)

▶ 한자의 쓰임

富 → 富者(부자), 富貴(부귀), 富國(부국)

訪 → 訪問(방문), 訪問客(방문객)

 **연습 문제**

◑ 다음 한자(漢字)의 뜻과 음(音)을 써 봅시다.

  1. 銀 (   )   2. 貯 (   )

  3. 貨 (   )   4. 産 (   )

◑ 다음 한자(漢字)와 뜻이 맞서는 한자(漢字)를 써 봅시다.

  5. 貧 ⟷ ☐   6. 主 ⟷ ☐

◑ 다음 밑줄 친 한자어를 읽어 봅시다.

  7. 저런 상황은 主客이 바뀐 경우입니다. ◯◯

  8. 은행은 貧富와 관계없이 저금을 받습니다. ◯◯

◑ 다음 밑줄 친 낱말을 한자(漢字)로 써 봅시다.

  9. 나는 저금을 하러 은행에 자주 갑니다. ☐☐

10. 명호는 수영대회에서 은메달을 땄습니다. ☐☐

◑ 다음 한자(漢字)를 선으로 이어 한자어를 만들어 봅시다.

11. 財 •   • 者

12. 貴 •   • 産

13. 富 •   • 下

47

5. 공장을 찾아서

 기본 학습

◆ 우리 나라의 공업 발전을 생각하며 한자어를 읽어 봅시다.

完工　　石油　　製造

原油　　油田　　給食

새로 배우는 한자

完 (완) 완전하다　　油 (유) 기름　　製 (제) 짓다

造 (조) 짓다　　給 (급) 주다　　等 (등) 등급

48

◆ 다음 한자어를 소리내어 읽어 봅시다.

食品　品質改善

向上　改良

工場

새로 배우는 한자

品 (품) 물건　　質 (질) 바탕, 묻다　　改 (개) 고치다

善 (선) 착하다　　良 (량) 좋다　　場 (장) 마당

◇ 그림을 보면서 한자(漢字)의 뜻과 음(音)을 알아봅시다.

完	→ 宀 + 元 → 完	● 이 한자는 무슨 뜻인가요?
	(집) (으뜸)	
뜻 완전할	집을 으뜸가는 자재를 써서 완전하게	
읽기 완	꾸몄다는 뜻임.	
油	→ 水 + 由 → 油	● 이 한자는 무슨 뜻인가요?
	(물) (유)	
뜻 기름		
읽기 유	땅 속에서 나오는 '기름'이라는 뜻임.	
製	→ 制 + 衣 → 製	● 이 한자는 무슨 뜻인가요?
	(만든다) (옷)	
뜻 지을	치수에 맞게 옷감을 잘라서 옷을 만든	
읽기 제	다는 데서 '만든다'의 뜻임.	
造	→ 辶 + 告 → 造	● 이 한자는 무슨 뜻인가요?
	(쉬엄쉬엄) (알리다)	
뜻 지을	앞장서 나아가 일할 것을 알려 일을 만	
읽기 조	든다는 데서 '만들다'의 뜻임.	
給	→ 糸 + 合 → 給	● 이 한자는 무슨 뜻인가요?
	(실) (합하다)	
뜻 줄		
읽기 급	실을 합하여 이어 준다는 뜻임.	

◈ 아래 한자(漢字)의 뜻과 음(音)을 소리내어 읽으면서 써 봅시다.

完	완전할 **완**	완전할 **완**	
油	기름 **유**	기름 **유**	
製	지을 **제**	지을 **제**	
造	지을 **조**	지을 **조**	
給	줄 **급**	줄 **급**	

◈ 아래 한자(漢字)를 쓰는 순서에 맞게 써 봅시다.

完	` 宀 宀 宀 宇 完`				
	完				
油	` ` 氵 汩 汩 油 油				
	油				
製	` ` 二 钅 告 制 制 製 製				
	製				
造	` ` 丬 牛 告 告 造				
	造				
給	幺 糸 糹 給 給				
	給				

활용 학습 (1)

一 생활 속의 한자

1) 學校 앞 地下道가 完工되었습니다.

2) 토요일에는 石油를 정유하는 공장을 견학하였습니다.

3) 식품과 약품에는 製造 年月日이 표시되어 있습니다.

4) 나일론은 原油를 원료로 해서 만듭니다.

5) 대륙붕에 油田이 많습니다.

6) 3月부터 學校給食이 시작되었습니다.

二 한자어 풀이

1) 完工(완공) : 공사를 마침.

2) 石油(석유) : 땅 속에 있는 원유를 가공해서 만든 기름.

3) 製造(제조) : 물건을 만듦.

4) 原油(원유) : 가공하기 전 땅 속에 있는 기름.

5) 給食(급식) : 먹을 것을 줌.

三 한자 생각 늘리기

▶ 한자의 쓰임

　等 ➡ 中等(중등), 高等(고등)

　完 ➡ 完全(완전), 完結(완결), 完成(완성)

▶ 모양이 비슷한 한자

　完(완전할 완) ── 元(으뜸 원)

▶ 뜻이 같은 한자

　짓다 ── 製(제), 造(조)

 사자성어

◗ 다음 글을 읽어 봅시다. '개과천선'의 뜻은 무엇인지 생각
해 봅시다. 그리고 □ 안에 들어갈 한자(漢字)를 선생님께
여쭈어 보고, 밑줄 친 부분에 알맞은 한자를 아래 보기 에서
찾아봅시다.

改 □ □ 善
개 과 천 선

뜻 : 지난날의 허물을 고치고 착하게 됨

진나라에 '주처'라는 사람이 살았습니다. 주처는 어릴 적에
부모를 잃어 보살핌을 받지 못해서 생활이 바르지 못하고 많은
사람을 괴롭혔습니다. 그러나 점차 나이가 들면서 주처는 지난
날의 잘못을 뉘우치고 착한( ) 사람이 되겠다고 결심( )하
고 대학자인 육기와 육운을 만났습니다.

"과거의 잘못을 고쳐( ) 착한 사람이 된다면 반드시 훌륭한
사람이 될 것일세."

주처는 그 후 10년 동안 열심히 학문( )을 닦아 유명( )한
대학자가 되었습니다.

보기 ① 決心 ② 善 ③ 學問 ④ 有名 ⑤ 改

◆ 그림을 보면서 한자(漢字)의 뜻과 음(音)을 알아봅시다.

品 뜻 물건 읽기 품	물건을 쌓아놓은 모양으로 '물건'의 뜻이 됨.	• 이 한자는 무슨 뜻인가요?
質 뜻 바탕 읽기 질	두 개의 도끼 중 돈을 많이 주고 산 게 바탕이 좋다는 데서 '바탕'의 뜻임.	• 이 한자는 무슨 뜻인가요?
改 뜻 고칠 읽기 개	회초리를 써서 자기 잘못을 고치거나 바로 잡는다는 데서 '고치다', '바로잡다'의 뜻이 됨.	• 이 한자는 무슨 뜻인가요?
善 뜻 착할 읽기 선	양과 말을 합친 모양으로 온순하고 고기맛이 있는 양을 사람들이 칭찬한다는 데서 '착하다', '좋다'의 뜻이 됨.	• 이 한자는 무슨 뜻인가요?
良 뜻 좋을 읽기 량	정미기계에 곡식을 찧는 모습을 본뜬 글자로 '좋다'의 뜻이 됨.	• 이 한자는 무슨 뜻인가요?

◈ 아래 한자(漢字)의 뜻과 음(音)을 소리내어 읽으면서 써 봅시다.

品	물건 **품**	물건 **품**		
質	바탕 **질**	바탕 **질**		
改	고칠 **개**	고칠 **개**		
善	착할 **선**	착할 **선**		
良	좋을 **량**	좋을 **량**		

◈ 아래 한자(漢字)를 쓰는 순서에 맞게 써 봅시다.

品	ㅣ ㅁ ㅁ ㅁ 品 品 品 品 品				
	品				
質	ㄅ ㄅ 所 所 質 質				
	質				
改	ㄱ ㄷ ㄹ 改 改				
	改				
善	﹅ ﹀ ㅋ 羊 羊 善 善				
	善				
良	﹅ ㄱ ㄱ ㅋ 皀 良 良				
	良				

🔑 활용 학습 ⑵

一 생활 속의 한자

1) 食品을 살 때는 有效期間을 살펴보아야 합니다.

2) 국제 경쟁에서 이기려면 品質改善이 되어야 합니다.

3) 국민들이 국산품을 愛用하도록 品質을 向上시켜야 합니다.

4) 어머니께서 부엌 구조를 便利하도록 改良하였습니다.

5) 언니는 집 근처 工場에 다닙니다.

二 한자어 풀이

1) 食品(식품) : 음식물.

2) 品質改善(품질개선) : 품질을 보다 좋게 고침.

3) 品質(품질) : 물건의 성질과 바탕.

4) 改良(개량) : 좋게 고침.

5) 工場(공장) : 물건을 만들어내는 곳.

三 한자 생각 늘리기

▶ 한자의 쓰임

良 ➡ 改良(개량), 善良(선량)

品名(품명) ⬅ 品 ➡ 食品(식품)

▶ 뜻이 같은 한자어

改善(개선) = 改良(개량) : 좋게 고침.

연습 문제

◐ 다음 한자(漢字)의 뜻과 음(音)을 써 봅시다.

1. 善 (   )   2. 改 (   )

3. 完 (   )   4. 給 (   )

◐ 다음 한자어를 읽어 봅시다.

5. 改善 ◯◯   6. 品質 ◯◯

◐ 다음 뜻과 음(音)을 가진 한자(漢字)를 써 봅시다.

7. 기름 유 ⬜   8. 물건 품 ⬜

9. 다음 중 '造'와 뜻이 같은 한자(漢字)를 찾아 (   ) 안에 번호를 써 봅시다. ‧‧‧‧‧‧‧‧‧‧‧‧‧‧‧‧‧‧‧‧‧‧‧‧‧‧‧‧‧‧ (   )

① 製   ② 完   ③ 善   ④ 改

◐ 다음 밑줄 친 낱말을 한자(漢字)로 써 봅시다.

10. 우리에게 <u>완전</u> 자유란 없습니다. ⬜⬜⬜⬜

11. 우리 나라에는 <u>석유</u>가 나오지 않습니다. ⬜⬜⬜

12. 나는 <u>초등</u> 학생입니다. ⬜⬜

6. 시장 구경

◇ 시장 모습을 떠올리며 한자어를 읽어 봅시다.

商業　　賣買　　請求

工業　　買入　　要請

새 로 배 우 는 한 자

商 (상) 장사　　業 (업) 일　　賣 (매) 팔다

買 (매) 사다　　請 (청) 청하다　　求 (구) 구하다

◈ 다음 한자어를 소리내어 읽어 봅시다.

得失　　利益　　收入

市街地　　巨大

새로 배우는 한자

得 (득) 얻다　　　　失 (실) 잃다　　　　益 (익) 더하다

收 (수) 거두다　　　街 (가) 거리　　　巨 (거) 크다

59

◆ 그림을 보면서 한자(漢字)의 뜻과 음(音)을 알아봅시다.

商	大 (크다) → 商 冏 (살짝)	• 이 한자는 무슨 뜻인가요?
뜻 **장사** 읽기 **상**	큰 이익을 살짝 붙여 파는 것이 '장사' 라는 뜻임.	
業	☐ → 業 → 業	• 이 한자는 무슨 뜻인가요?
뜻 **일** 읽기 **업**	악기를 거는 받침틀 모양을 본뜬 글자로 악기에 무늬를 새기는 일을 한다는 데서 '일'의 뜻이 됨.	
賣	→ 士 + 四 + 貝 → 賣 (선비) (광주리) (돈)	• 이 한자는 무슨 뜻인가요?
뜻 **팔** 읽기 **매**	선비에게 광주리의 물건을 돈을 받고 판다는 뜻임.	
買	→ 四 + 貝 → 買 (광주리) (조개)	• 이 한자는 무슨 뜻인가요?
뜻 **살** 읽기 **매**	조개를 그릇에 담은 모양으로 '사다'는 뜻임.	
請	→ 言 + 靑 → 請 (말) (푸르다)	• 이 한자는 무슨 뜻인가요?
뜻 **청할** 읽기 **청**	말로 푸른 것(싱싱한 것)을 달라고 청한다는 뜻임.	

◇ 아래 한자(漢字)의 뜻과 음(音)을 소리내어 읽으면서 써 봅시다.

商	장사 **상**	장사 **상**		
業	일 **업**	일 **업**		
賣	팔 **매**	팔 **매**		
買	살 **매**	살 **매**		
請	청할 **청**	청할 **청**		

◇ 아래 한자(漢字)를 쓰는 순서에 맞게 써 봅시다.

商	` 亠 产 产 产 商 商　商						
業	业 业 业 业 业 业 業 業 業						
賣	一 十 士 吉 吉 声 壱 賣 賣						
買	` 冂 罒 罒 罒 罒 胃 買 買						
請	` 亠 言 言 言 言 詰 請 請 請						

一 생활 속의 한자

1) 商業은 일종의 서비스業입니다.

2) 시장에서는 賣買가 활발하게 이루어집니다.

3) 어머니는 슈퍼에서 물건을 사고 영수증을 請求하였습니다.

4) 울산은 工業이 발달된 도시입니다.

5) 아버지께서는 집을 짓기 위해 土地를 買入했습니다.

6) 어머니께서는 品質이 좋은 화장품을 판매원에게 要請하였습니다.

二 한자어 풀이

1) 商業(상업) : 물건을 사고 팔아 이익을 얻는 직업.

2) 賣買(매매) : 팔고 사는 것.

3) 請求(청구) : 상대방에게 일정한 행위를 요구하는 일.

4) 工業(공업) : 기계나 도구를 이용하여 생활에 필요한 물건을 만들어 내는 산업.

5) 買入(매입) : 사서 들임.

6) 要請(요청) : 필요해서 부탁함.

三 한자 생각 늘리기

▶ 음은 같은데 뜻이 맞서는 한자

賣(팔다) ← 매 → 買(사다)

▶ 한자의 쓰임

商 → 商人(상인), 商家(상가), 商業(상업)

求 → 要求(요구), 請求(청구)

◑ 다음 그림을 보고 農業은 黃色, 漁業은 靑色, 林業은 綠色,
工業은 黑色, 商業은 赤色으로 ☐ 안을 칠하여 봅시다.

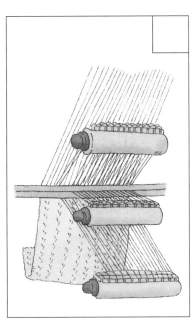

 **탐구 학습 (2)**

◆ 그림을 보면서 한자(漢字)의 뜻과 음(音)을 알아봅시다.

得	得 → 得	• 이 한자는 무슨 뜻인가요?
뜻 얻을 읽기 **득**	사람이 두 손으로 조개껍질을 잡은 모양으로 '얻는다'의 뜻임.	
失	失 → 失	• 이 한자는 무슨 뜻인가요?
뜻 잃을 읽기 **실**	송곳에 뚫린 것같이 큰 사람이 정신을 잃었다는 데서 '잃다'의 뜻임.	
益	益 → 益	• 이 한자는 무슨 뜻인가요?
뜻 더할 읽기 **익**	물이 넘쳐 흐르는 모양으로 '더하다', '이익'의 뜻임.	
收	丩 + 攵 → 收 (열매) (치다)	• 이 한자는 무슨 뜻인가요?
뜻 거둘 읽기 **수**	이삭에 있는 열매를 쳐서 열매를 모아 '거둔다'는 뜻임.	
街	行 + 圭 → 街 (다니다) (영토)	• 이 한자는 무슨 뜻인가요?
뜻 거리 읽기 **가**	사람이 다니도록 영토를 만들어 놓은 것이 '길'이라는 뜻임.	

64

◆ 아래 한자(漢字)의 뜻과 음(音)을 소리내어 읽으면서 써 봅시다.

得	얻을 **득**	얻을 **득**	
失	잃을 **실**	잃을 **실**	
益	더할 **익**	더할 **익**	
收	거둘 **수**	거둘 **수**	
街	거리 **가**	거리 **가**	

◆ 아래 한자(漢字)를 쓰는 순서에 맞게 써 봅시다.

得	′ ′ ′ ′ ′ ′ ′ ′ ′ ′ ′ 得 得	
	得	
失	′ ′ ′ ′ 失	
	失	
益	′ ′ ′ ′ ′ ′ ′ ′ 益	
	益	
收	′ ′ ′ ′ 收 收	
	收	
街	′ ′ ′ ′ ′ 街 街	
	街	

一 생활 속의 한자

1) 축구 경기에서는 점수의 得失로 승부를 가립니다.

2) 商人은 원가에 利益을 붙여 팝니다.

3) 收入보다 지출이 많으면 저축을 할 수 없습니다.

4) 市街地는 매우 번화합니다.

5) 수도권에는 근래 巨大한 신도시가 많이 생겼습니다.

二 한자어 풀이

1) 得失(득실) : 얻고 잃음.

2) 商人(상인) : 상품을 사고 팔아 이익을 얻는 일을 하는 사람.

3) 利益(이익) : 유익하고 도움이 됨.

4) 收入(수입) : 거두어 들임.

5) 市街地(시가지) : 시내를 이루는 지역.

6) 巨大(거대) : 아주 큼.

三 한자 생각 늘리기

▶ 서로 뜻이 맞서는 한자

得(얻다) ◀━━▶ 失(잃다)

賣(팔다) ◀━━▶ 買(사다)

▶ 한자의 쓰임

巨 ➡ 巨人(거인), 巨金(거금), 巨大(거대)

 연습 문제

◐ 다음 뜻과 음(音)에 맞는 한자(漢字)를 보기 에서 골라 번호
를 (   ) 안에 써 봅시다.

보기	①益	②街	③收	④業

1. 일 업 (   )　　　　　2. 거리 가 (   )

3. 더할 익 (   )　　　　　4. 거둘 수 (   )

◐ 다음 한자(漢字)의 뜻과 맞서는 한자(漢字)를 써 봅시다.

5. 賣　⟷

6. 得　⟷

◐ 다음 한자어를 읽어 봅시다.

7. 商業 ◯◯　　　　　8. 利益 ◯◯

◐ 다음 한자(漢字)와 뜻과 음(音)을 맞게 선으로 이어 봅시다.

9. 請　•　　　　　　　　• 얻을 득

10. 失　•　　　　　　　　• 잃을 실

11. 得　•　　　　　　　　• 청할 청

7. 교통과 통신

 기본 학습

◇ 교통과 통신의 이로움을 생각하며 한자어를 읽어 봅시다.

移動　　步行　　飛行

故國　　　　每年

새 로 배 우 는 한 자

移 (이) 옮기다　　動 (동) 움직이다　　步 (보) 걸음

飛 (비) 날다　　故 (고) 옛, 연고　　每 (매) 매양

68

◈ 다음 한자어를 소리내어 읽어 봅시다.

交通　　通信　　發達

移動通信　　　通行

信用　　故鄕　　道路

새로 배우는 한자

通 (통) 통하다　　信 (신) 믿다　　發 (발) 펴다

達 (달) 이르다　　鄕 (향) 시골　　使 (사) 부리다

◆ 그림을 보면서 한자(漢字)의 뜻과 음(音)을 알아봅시다.

移	→ 多 + 禾 → 移 (많다)　(벼) 많은 벼를 논에 옮겨 심는다는 데서 '옮기다'의 뜻임.	• 이 한자는 무슨 뜻인가요?
뜻　옮길 읽기　이		
動	→ 重 + 力 → 動 (무겁다)　(힘) 무거운 것을 힘써 움직인다는 뜻임.	• 이 한자는 무슨 뜻인가요?
뜻　움직일 읽기　동		
步	→ 止 → 坐 → 步 사람이 두 발로 걸어가는 모양으로 '걷 다'의 뜻임.	• 이 한자는 무슨 뜻인가요?
뜻　걸음 읽기　보		
飛	→ 飞 → 飛 새가 두 날개를 펴고 하늘 높이 나는 모 양을 본뜬 글자로 '난다'는 뜻임.	• 이 한자는 무슨 뜻인가요?
뜻　날 읽기　비		
故	→ 古 + 攵 → 故 (오래) (두들기다) 오래 두들겨 가며 연고를 따진다는 뜻 임.	• 이 한자는 무슨 뜻인가요?
뜻　옛 읽기　고		

◆ 아래 한자(漢字)의 뜻과 음(音)을 소리내어 읽으면서 써 봅시다.

移	옮길 **이**	옮길 이		
動	움직일 **동**	움직일 동		
步	걸음 **보**	걸음 보		
飛	날 **비**	날 비		
故	옛 **고**	옛 고		

◆ 아래 한자(漢字)를 쓰는 순서에 맞게 써 봅시다.

移	´ ⼆ 千 禾 禾 移 移 移 移			
動	´ ⼆ 台 台 自 重 動 動 動			
步	⼁ ⼘ ⼞ 止 ⺀ 歩 步 步			
飛	⺄ ⻜ ⻝ ⻝ 飛 飛 飛 飛			
故	⼀ ⼗ 古 古 故 故 故			

활용 학습⑴

一 **생활 속의 한자**

1) 우리 반은 점심을 먹고 견학 場所로 移動하였습니다.
2) 노인들은 젊은이보다 步行 속도가 느립니다.
3) 처음으로 하늘을 飛行한 사람은 라이트 兄弟였습니다.
4) 外國에 가면 故國이 생각난다고 합니다.
5) 우리 가족은 每年 추석 때 고향을 다녀옵니다.

二 **한자어 풀이**

1) 移動(이동) : 장소를 옮김.
2) 步行(보행) : 걸어다님.
3) 飛行(비행) : 날아다님.
4) 故國(고국) :고향의 나라.
5) 每年(매년) : 해마다.

三 **한자 생각 늘리기**

▶ 음이 같은 한자

| 동 | ── 同(한가지 동), 洞(마을 동), 動(움직일 동) |

| 이 | ── 二(두 이), 移(옮길 이), 利(이로울 리) |

▶ 한자의 쓰임

| 動 | ➡ 自動門(자동문), 自動車(자동차) |

| 每 | ➡ 每日(매일), 每月(매월), 每年(매년) |

퍼즐놀이

◗ 다음 퍼즐놀이를 하면서 한자(漢字)를 익혀 봅시다. □ 안은
한자로 써 봅시다.

①	②		③	④	
⑤		⑥			
		⑦			
⑧	⑨			⑩	⑪
	⑫				

〈세로 열쇠〉

2. 애정
4. 도리(바른 길)
5. 강대국(힘이 센 나라)
6. 부귀(부유하고 귀한 것)
9. 민심(백성들의 마음)
11. 행동

〈가로 열쇠〉

1. 친애 3. 효도 7. 귀천(귀하고 천한 것)
8. 국민 10. 선행(착한 일) 12. 심정(마음)

정답 ▶

動⑪			民⑫	心
行⑪	善⑩		民⑨	國⑧
		賤⑦	貴	人
		貴⑥		强⑤
		孝		道
情⑫	孝③	愛②	親①	

73

◈ 그림을 보면서 한자(漢字)의 뜻과 음(音)을 알아봅시다.

通	(숫구치다) (통) → 辶 + 甬 → 通 캥거루가 달려가는 모양으로 달려가 통한다는 뜻임.	• 이 한자는 무슨 뜻인가요?
뜻 통할 읽기 통		
信	(사람) (말) → 人 + 言 → 信 사람이 한 말을 믿는다는 뜻으로 '믿다'의 뜻임.	• 이 한자는 무슨 뜻인가요?
뜻 믿을 읽기 신		
發	(난간) (화살)(두들기다) → 癶 + 弓 + 殳 → 發 난간에서 표적을 두들기려고 활로 쏜다는 뜻임.(펴다는 뜻도 됨)	• 이 한자는 무슨 뜻인가요?
뜻 펼 읽기 발		
達	(달려가다) (양) → 辶 + 土(흙)羊 → 達 양이 땅 위를 달려가 풀밭에 이른다는 뜻임.	• 이 한자는 무슨 뜻인가요?
뜻 이를 읽기 달		
鄉	→ 鄉 → 鄉 문고리 옆에 흰밥과 숟가락을 놓고 가족이 오기를 기다리는 마을이 '시골'이라는 뜻임.	• 이 한자는 무슨 뜻인가요?
뜻 시골 읽기 향		

◆ 아래 한자(漢字)의 뜻과 음(音)을 소리내어 읽으면서 써 봅시다.

通	통할 **통**	통할 통		
信	믿을 **신**	믿을 신		
發	펼 **발**	펼 발		
達	이를 **달**	이를 달		
鄕	시골 **향**	시골 향		

◆ 아래 한자(漢字)를 쓰는 순서에 맞게 써 봅시다.

通	フ マ ア 자 育 甬 通					
	通					
信	ノ イ 亻 亻 信 信					
	信					
發	フ ア ダ ダ 癶 癶 癶 發 發					
	發					
達	一 十 土 赤 赤 幸 幸 達					
	達					
鄕	𠂉 𠂉 乡 乡 纳 纳 纳 纳 鄕 鄕					
	鄕					

一 생활 속의 한자

1) 오늘날은 交通, 通信이 發達되었습니다.

2) 특히 移動通信의 발달로 생활이 便利해졌습니다.

3) 앞길은 工事로 인하여 通行에 不便합니다.

4) 사람은 대인관계에서 信用이 重要합니다.

5) 할아버지께서는 가끔 저에게 故鄕이야기를 들려 주십니다.

6) 요즘은 어느 도시를 가나 道路가 발달되었습니다.

二 한자어 풀이

1) 交通(교통) : 사람이나 물건이 오고가는 일.

2) 通信(통신) : 소식을 전함.

3) 發達(발달) : 성장함.

4) 移動通信(이동통신) : 어느 곳에서나 가능한 통신.

5) 通行(통행) : 일정한 공간을 통하여 다님.

6) 信用(신용) : 사람을 믿고 씀.

7) 故鄕(고향) : 나서 자란 곳.

8) 道路(도로) : 도보로 가는 길.

三 한자 생각 늘리기

▶ 한자의 쓰임

| 信 | → 信用(신용), 信任(신임), 信義(신의) |

| 使 | → 使用(사용), 使命(사명), 使命感(사명감) |

◗ 다음 그림을 보고 알맞은 한자(漢字)를 보기에서 골라 번호를 ( ) 안에 써 봅시다.

| 보기 | ① 車 | ② 步 | ③ 飛 | ④ 達 |

1.

(   )

2.

(   )

3.

(   )

◗ 다음 한자(漢字)의 뜻과 음(音)을 써 봅시다.

4. 移 (   )   5. 動 (   )

6. 故 (   )   7. 鄕 (   )

◗ 다음 밑줄 친 낱말의 뜻을 나타내는 한자(漢字)에 ○표를 하여 봅시다.

8. 나는 학교에 걸어갑니다. (通, 步, 飛)

9. 비행기가 하늘을 날아갑니다. (交, 飛, 行)

10. 점심을 먹고 장소를 옮겼습니다. (移, 達, 信)

◗ 다음 한자(漢字)를 선으로 이어 한자어를 만들어 봅시다.

11. 自 •   • 信

12. 通 •   • 達

13. 發 •   • 動

8. 복잡한 도시 생활

기본 학습

◇ 건설 현장을 상상하며 한자어를 읽어 봅시다.

基本　　建設　　家屋

屋上　　　　船上

새로 배우는 한자

基 (기) 터　　　　本 (본) 근본, 밑　　　建 (건) 세우다

設 (설) 세우다　　屋 (옥) 집　　　　船 (선) 배

◆ 다음 한자어를 소리내어 읽어 봅시다.

都市　　起工　　陸地

陸橋　　　通行禁止

根本

새 로 배 우 는 한 자

都 (도) 도읍　　起 (기) 일어나다　　陸 (륙) 뭍
橋 (교) 다리　　禁 (금) 금하다　　根 (근) 뿌리

◆ 그림을 보면서 한자(漢字)의 뜻과 음(音)을 알아봅시다.

基 뜻　터 읽기　**기**	→其+土→ 基 　　(그)　(흙) 그 땅(흙)에 터를 잡는다 해서 '터'의 뜻을 나타냄.	• 이 한자는 무슨 뜻인가요?
本 뜻　근본, 밑 읽기　**본**	→ ✳ → 本 나무 모양과 뿌리를 본뜬 글자로 나무의 뿌리가 근본이라는 데서 '근본'을 나타냄.	• 이 한자는 무슨 뜻인가요?
建 뜻　세울 읽기　**건**	→ 書 → 建 글씨를 쓸 때 붓을 세우고 쓴다는 데서 '세우다'의 뜻으로 쓰임.	• 이 한자는 무슨 뜻인가요?
設 뜻　세울 읽기　**설**	→言+殳→ 設 　　(말)　(두들기다) 말로 말뚝을 두들겨 박도록 하여 세운 다는 뜻임.	• 이 한자는 무슨 뜻인가요?
屋 뜻　집 읽기　**옥**	→尸+至→ 屋 　　(집)　(이르다) 집 추녀 밑에 이르니 '집'이라는 뜻임.	• 이 한자는 무슨 뜻인가요?

 읽기·쓰기 학습 (1)

◆ 아래 한자(漢字)의 뜻과 음(音)을 소리내어 읽으면서 써 봅시다.

基	터 **기**	터 기	
本	근본, 밑 **본**	근본, 밑 본	
建	세울 **건**	세울 건	
設	세울 **설**	세울 설	
屋	집 **옥**	집 옥	

◆ 아래 한자(漢字)를 쓰는 순서에 맞게 써 봅시다.

基	一 十 ＃ 甘 甚 其 其 基			
	基			
本	一 十 オ 木 本			
	本			
建	フ ヲ ヲ ヨ 聿 建 建			
	建			
設	丶 言 言 言 設 設 設			
	設			
屋	フ コ 尸 尸 戶 屋 屋 屋			
	屋			

一 생활 속의 한자

　1) 孝는 모든 行動의 基本입니다.

　2) 建設現場에 많은 자재가 쌓여 있습니다.

　3) 우리 가족은 다음 달 새 家屋으로 이사를 합니다.

　4) 屋上에 올라가 市内를 구경하였습니다.

　5) 船上 위로 갈매기가 날아갑니다.

二 한자어 풀이

　1) 基本(기본) : 기초와 같은 말.

　2) 建設(건설) : 건물이나 시설을 세움.

　3) 家屋(가옥) : 사람이 사는 집.

　4) 屋上(옥상) : 지붕 위.

　5) 船上(선상) : 배 위.

三 한자 생각 늘리기

　▶ 뜻이 같은 한자

　　| 세우다 | ── 建(건), 設(설)

　▶ 한자의 쓰임

　　| 船 | → 船上(선상), 船員(선원), 船長(선장)

한자야, 어디 있니?

◑ 다음은 빌딩을 짓는 건설 현장입니다. 매우 복잡하게 공사
가 진행중이지요? 숨겨진 한자(漢字)를 찾아봅시다.

◀찾아야 할 한자▶

都　起　陸　橋　建　設　基　屋　安　全

◈ 그림을 보면서 한자(漢字)의 뜻과 음(音)을 알아봅시다.

都	者+阝→都 (사람) (마을)	• 이 한자는 무슨 뜻인가요?
뜻 도읍 읽기 도	많은 사람들이 모여 사는 마을이 도회지라는 뜻임.	
起	起 → 起	• 이 한자는 무슨 뜻인가요?
뜻 일어날 읽기 기	몸(己)을 일으킨다 하여 '일어나다'의 뜻을 나타냄.	
陸	阝+坴→陸 (언덕)	• 이 한자는 무슨 뜻인가요?
뜻 뭍 읽기 륙	언덕같이 높게 나온 것이 '뭍', '육지'라는 뜻임.	
橋	木+喬→橋 (나무) (높다)	• 이 한자는 무슨 뜻인가요?
뜻 다리 읽기 교	나무로 높게 걸쳐 놓은 것이 '다리'라는 뜻임.	
禁	林+示→禁 (수풀) (제사)	• 이 한자는 무슨 뜻인가요?
뜻 금할 읽기 금	수풀 속 제사지내는 곳은 출입이 금지된다는 뜻임.	

◆ 아래 한자(漢字)의 뜻과 음(音)을 소리내어 읽으면서 써 봅시다.

都	도읍 **도**	도읍 **도**		
起	일어날 **기**	일어날 **기**		
陸	뭍 **륙**	뭍 **륙**		
橋	다리 **교**	다리 **교**		
禁	금할 **금**	금할 **금**		

◆ 아래 한자(漢字)를 쓰는 순서에 맞게 써 봅시다.

都	一 十 土 耂 耂 者 者 都 都
	都
起	一 十 土 キ キ 走 走 起 起
	起
陸	了 阝 阝- 阝- 陸 陸 陸 陸
	陸
橋	木 杧 杧 杯 桥 橋 橋
	橋
禁	木 林 林 埜 禁 禁 禁
	禁

활용 학습 (2)

一 생활 속의 한자

1) 都市는 환경오염이 심각합니다.
2) 어제 우리 學校 강당 起工식이 있었습니다.
3) 陸地 사람과 섬사람은 여러 가지로 돕고 삽니다.
4) 도시에는 陸橋나 地下道가 많습니다.
5) 집 앞에는 하수도 공사로 通行에 불편이 많습니다.
6) 공사 현장에 通行禁止 표지가 놓여 있었습니다.
7) 기초 공사가 중요하듯이 사람도 根本이 중요합니다.

二 한자어 풀이

1) 都市(도시) : 사람이 많이 모여 사는 번잡한 곳.
2) 起工(기공) : 공사를 시작함.
3) 陸地(육지) : 지구 위에 물이 없는 땅.
4) 陸橋(육교) : 땅 위에 놓은 다리.
5) 通行(통행) : 길로 통하여 다님.
6) 通行禁止(통행금지) : 다니지 못하게 함.
7) 根本(근본) : 사물이 생겨난 밑바탕.

三 한자 생각 늘리기

▶ 起工(기공)과 着工(착공)은 공사를 시작하는 것이고 完工(완공)은 공사를 완성한다는 뜻임.

▶ '陸'자는 원래 '륙'으로 발음되지만 낱말의 앞에 올 때는 '육'으로 발음됩니다.

上陸(상륙) ← 陸 → 陸地(육지)

 연습 문제

◗ 다음 한자어의 음(音)을 써 봅시다.

1. 都市 ◯◯　　　　2. 陸橋 ◯◯

3. 基本 ◯◯　　　　4. 建設 ◯◯

◗ 다음의 음(音)과 뜻에 맞는 한자(漢字)를 골라 (　) 안에 ○표를 하세요.

5. 일어날 기
　　① 基(　)　② 起(　)　③ 己(　)　④ 記(　)

6. 다리 교
　　① 敎(　)　② 校(　)　③ 橋(　)　④ 交(　)

◗ 다음 뜻과 음(音)을 가진 한자(漢字)를 써 봅시다.

7. 금할 금 ☐　　　　8. 도읍 도 ☐

◗ 다음 낱말과 한자어를 맞게 이어 봅시다.

9. 육지 •　　　　　　　• 基本

10. 옥상 •　　　　　　　• 屋上

11. 기공 •　　　　　　　• 陸地

12. 기본 •　　　　　　　• 起工

9. 나의 특기를 살리자

◆ 나의 특기·소질을 생각하며 한자어를 읽어 봅시다.

特別　　特技　　興味

才能　　能力　　打者

새 로 배 우 는 한 자

特 (특) 특별하다　　技 (기) 재주　　興 (흥) 일

味 (미) 맛　　打 (타) 치다　　者 (자) 놈, 사람

88

◈ 다음 한자어를 소리내어 읽어 봅시다.

適性　素質　調査

運動　走者　運動場

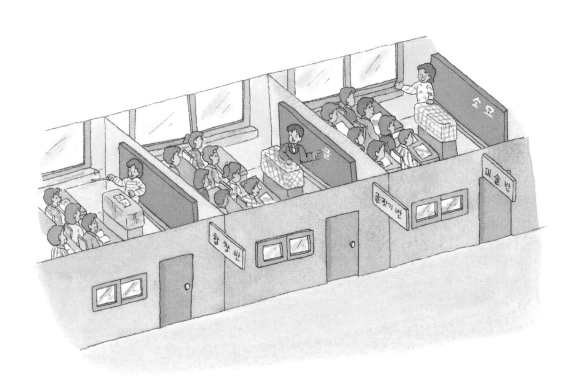

새로배우는한자

適 (적) 맞다　素 (소) 바탕　調 (조) 조사하다　運 (운) 옮기다

走 (주) 달아나다　誠 (성) 정성　※ 査 (사) 조사하다

◆ 그림을 보면서 한자(漢字)의 뜻과 음(音)을 알아봅시다.

特	牛(소) + 寺(절) → 特 옛날에 제물로 소를 많이 써 관청(절)에서 소를 소중히 여겼다는 데서 '특별' 이라는 뜻이 됨.	• 이 한자는 무슨 뜻인가요?
뜻 특별할 읽기 특		
技	扌(손) + 支(가르다) → 技 손으로 좋고 나쁜 것을 갈라 놓은 것이 '재주' 라는 뜻임.	• 이 한자는 무슨 뜻인가요?
뜻 재주 읽기 기		
興	與(더불어) + 同(한가지) → 興 힘을 합하면 모든 것이 잘 이루어진다는 데서 '흥하다', '일어나다' 의 뜻이 됨.	• 이 한자는 무슨 뜻인가요?
뜻 일 읽기 흥		
味	口(입) + 未(아니다) → 味 입으로 아니 익은 과일을 맛본다는 데서 '맛' 의 뜻임.	• 이 한자는 무슨 뜻인가요?
뜻 맛 읽기 미		
打	扌(손) + 丁(고무래) → 打 손으로 고무래를 들고 치는 모습으로 '치다' 의 뜻임.	• 이 한자는 무슨 뜻인가요?
뜻 칠 읽기 타		

 읽기·쓰기 학습 (1)

◈ 아래 한자(漢字)의 뜻과 음(音)을 소리내어 읽으면서 써 봅시다.

特	특별할 **특**	특별할 **특**		
技	재주 **기**	재주 **기**		
興	일 **흥**	일 흥		
味	맛 **미**	맛 미		
打	칠 **타**	칠 타		

◈ 아래 한자(漢字)를 쓰는 순서에 맞게 써 봅시다.

特	′ ⺧ ⺧ ⺧ ⺧ 牜 牜 特 特 特			
技	一 ⼁ ⼁ ⼁ ⼁ 抅 技 技			
興	⼅ ⼅ ⼅ ⼅ ⺟ ⺟ ⺟ 血 興 興 興			
味	⼝ ⼝ ⼝ ⼝ 吽 味 味			
打	一 ⼁ ⼁ ⼁ 打 打			

91

一 생활 속의 한자

1) 나는 特別活動 時間이 재미있습니다.
2) 父母님은 나의 特技를 살려 주려고 애쓰십니다.
3) 나는 독서에 興味가 많습니다.
4) 우리 반 순민이는 才能이 많은 아이입니다.
5) 사람은 누구나 能力이 다르기 때문에 취미도 다른가 봅니다.
6) 이번에는 민호가 打者가 되었습니다.

二 한자어 풀이

1) 特別活動(특별활동) : 교과 교육 이외 개인의 특성을 살리기 위한 교육 활동.
2) 特技(특기) : 특별한 재주.
3) 興味(흥미) : 흥을 느끼는 재미.
4) 才能(재능) : 재주와 능력.
5) 能力(능력) : 일을 감당할 힘.
6) 打者(타자) : 야구 경기에서 배트로 공을 치는 사람.

三 한자 생각 늘리기

▶ 口, 手, 水, 木이 들어간 한자의 뜻 알기

아래 글자가 들어간 한자(漢字)는 □ 안의 뜻과 관련이 많습니다.

口 입 ➡ 味(맛 미), 告(말할 고)
手 손 ➡ 技(재주 기), 指(가리킬 지)
水 물 ➡ 油(기름 유), 溫(따뜻할 온)
木 나무 ➡ 林(수풀 림), 校(학교 교)

▶ 한자의 쓰임

者 ➡ 打者(타자), 走者(주자), 發言者(발언자)

 놀이 학습

● 다음 그림을 보고 나의 특기에는 '特'자를, 흥미가 있는 곳에는 '興'자를 □ 안에 써 봅시다.

〈1단계〉

〈2단계〉

◆ 그림을 보면서 한자(漢字)의 뜻과 음(음)을 알아봅시다.

適 뜻 / 맞을 읽기 / 적	辶+啇→適 (길하다) (뿌리) 흙이 좋아 뿌리가 뻗어가기에 '알맞다'는 뜻임.	• 이 한자는 무슨 뜻인가요?
素 뜻 / 바탕 읽기 / 소	主+糸→素 (풀) (실) 풀에서 뽑은 실의 바탕이 희다는 뜻이며, '바탕'의 뜻도 있음.	• 이 한자는 무슨 뜻인가요?
調 뜻 / 조사할 읽기 / 조	言+周→調 (말) 말이 잘 맞는다는 데서 '고르다'의 뜻이 있고 말이 세밀하다는 데서 '조사하다'의 뜻도 있음.	• 이 한자는 무슨 뜻인가요?
運 뜻 / 옮길 읽기 / 운	辶+軍→運 (쉬엄쉬엄 감) (군사) 군사들이 걸어가는 모양을 나타낸 것으로 다리를 옮긴다는 데서 '옮기다'의 뜻임.	• 이 한자는 무슨 뜻인가요?
走 뜻 / 달아날 읽기 / 주	夯→走 사람이 달아나는 모양을 본뜬 글자로 '달아나다'의 뜻임.	• 이 한자는 무슨 뜻인가요?

◆ 아래 한자(漢字)의 뜻과 음(音)을 소리내어 읽으면서 써 봅시다.

適	맞을 **적**	맞을 적		
素	바탕 **소**	바탕 소		
調	조사할 **조**	조사할 조		
運	옮길 **운**	옮길 운		
走	달아날 **주**	달아날 주		

◆ 아래 한자(漢字)를 쓰는 순서에 맞게 써 봅시다.

適	一 亠 立 产 产 育 商 適 適					
素	一 二 ≠ 丰 丰 素 素 素					
調	言 訂 訂 調 調					
運	一 冖 冃 昌 宣 軍 運					
走	一 十 土 キ キ 走					

95

🔑 활용 학습 (2)

一 생활 속의 한자

1) 나는 운동이 適性에 맞는 것 같습니다.

2) 나는 素質을 계발하기 위해 많은 努力을 합니다.

3) 선생님께서 우리들의 장래 희망을 調査하셨습니다.

4) 아버지는 여러 가지 運動을 좋아하십니다.

5) 나는 계주에서 4번째 走者가 되었습니다.

6) 運動場에는 축구 시합을 구경하기 위해 많은 사람이
   모였습니다.

二 한자어 풀이

1) 適性(적성) : 무엇에 맞는 성질.

2) 素質(소질) : 타고난 성질.

3) 調査(조사) : 자세히 살펴 알아 봄.

4) 運動(운동) : 몸을 튼튼히 하기 위해 몸을 움직임.

5) 走者(주자) : 달리는 사람.

6) 運動場(운동장) : 운동을 할 수 있는 넓은 곳.

三 한자 생각 늘리기

▶ 음이 같은 한자

적 —— 赤(붉을 적), 適(맞을 적)

소 —— 小(작을 소), 少(젊을 소), 素(바탕 소)

사 —— 事(일 사), 査(조사할 사), 士(선비 사)

▶ 한자의 쓰임

誠 ➡ 誠金(성금), 誠心(성심)

◑ 다음 뜻을 가진 한자(漢字)를 보기에서 골라 번호를 ( )
  안에 써 봅시다.

보기   ① 打   ② 特   ③ 技   ④ 素

1. 특별하다 (   )   2. 바탕 (   )

3. 치다 (   )   4. 재주 (   )

◑ 다음 한자어를 읽어 봅시다.

5. 特技 ◯ ◯   6. 素質 ◯ ◯

◑ 다음 낱말에 알맞은 한자어를 찾아 이어 봅시다.

7. 흥미 •   • 調査

8. 조사 •   • 興味

9. 적성 •   • 適性

◑ 다음 뜻과 음(音)에 알맞은 한자(漢字)를 찾아 선으로 이어
  봅시다.

10. 맞을 적   •   • 走

11. 달아날 주 •   • 味

12. 맛 미   •   • 適

10. 환경을 보존하자

◇ 환경 보호를 생각하며 한자어를 읽어 봅시다.

湖水　　河川　　水害

再活用　　四季

새 로 배 우 는 한 자

湖 (호) 호수　　河 (하) 물　　害 (해) 해롭다

再 (재) 다시　　季 (계) 철　　綠 (녹) 푸르다

98

◆ 다음 한자어를 소리내어 읽어 봅시다.

永久　　保存　　落葉

永遠　　保育　　落馬

새로 배우는 한자

永 (영) 길다　　久 (구) 오래　　保 (보) 보전하다

存 (존) 있다　　葉 (엽) 잎사귀　　落 (락) 떨어지다

◆ 그림을 보면서 한자(漢字)의 뜻과 음(音)을 알아봅시다.

湖	→ 氵+古+月→ 湖 　　(물)　(오래)　(몸) 물이 오래 몸을 담고 있는 곳이 '호수' 라는 뜻임.	• 이 한자는 무슨 뜻인가요?
뜻 호수 읽기 호		
河	→ 氵+可→ 河 　　(물)　(옳다) 물이 옳은 길로 가는 것이 '냇물'이라 는 뜻임.	• 이 한자는 무슨 뜻인가요?
뜻 물 읽기 하		
害	→ 害 (집) 　(풀) 　(입) → 害 집안을 무성한 풀같이 입으로 헐뜯어 해친다는 뜻임	• 이 한자는 무슨 뜻인가요?
뜻 해로울 읽기 해		
再	→ 甬 → 再 쌓인 나무 위에 또 쌓는다는 데서 '거 듭'의 뜻이 됨.	• 이 한자는 무슨 뜻인가요?
뜻 다시 읽기 재		
季	→禾+子→ 季 　(벼)　(아들) 벼의 아들을 심는 계절이 되었다는 데 서 '철'의 뜻임.	• 이 한자는 무슨 뜻인가요?
뜻 철 읽기 계		

◆ 아래 한자(漢字)의 뜻과 음(音)을 소리내어 읽으면서 써 봅시다.

湖	호수 **호**	호수 호		
河	물 **하**	물 하		
害	해로울 **해**	해로울 해		
再	다시 **재**	다시 재		
季	철 **계**	철 계		

◆ 아래 한자(漢字)를 쓰는 순서에 맞게 써 봅시다.

湖	氵 氵 浩 湖 湖							
	湖							
河	氵 氵 汀 河							
	河							
害	丶 宀 宀 宝 害							
	害							
再	一 丆 厅 厅 再 再							
	再							
季	一 二 干 禾 禾 季 季							
	季							

一 생활 속의 한자

1) 우리 마을 湖水는 휴식처로 사람들의 사랑을 받습니다.

2) 河川으로 폐수가 들어가지 않도록 해야 합니다.

3) 올해는 집중 호우로 水害가 컸습니다.

4) 어머니께서는 再活用이 가능한 것은 잘 모아 두십니다.

5) 이탈리아 작곡가 비발디의 작품 중 바이올린 협주곡 '四季'가 유명합니다.

二 한자어 풀이

1) 湖水(호수) : 땅이 움푹하게 들어가 물이 고여 있는 곳.

2) 河川(하천) : 시내나 강.

3) 水害(수해) : 물로 인한 피해.

4) 再活用(재활용) : 다시 사용하는 것.

5) 植木(식목) : 나무를 심음.

6) 四季(사계) : 봄 · 여름 · 가을 · 겨울.

三 한자 생각 늘리기

▶ 물과 관련 있는 한자

川(천), 江(강), 河(하천), 湖(호수), 海(바다)

▶ '再'는 거듭의 뜻으로, 다시 반복(거듭)의 뜻으로 쓰이는 한자어에는 앞에 붙여 씁니다.

　예 再建 : 다시 세움, 再起 : 다시 일어남, 再生 : 다시 살아남

▶ 한자의 쓰임

　綠 ➡ 綠色(녹색), 草綠色(초록색)

 **놀이 학습**

◗ 다음 그림을 보고 알맞은 한자(漢字)를 보기에서 찾아 □
안에 써 봅시다.

보기   海   川   江   雨   河

□ 빗방울이
떨어집니다.

시냇물이 됩니다. □

시냇물이 모여 □
하천이 됩니다. □

하천이 모여 □
강이 됩니다.

□ 강물이 모여
바다가 됩니다.

103

◆ 그림을 보면서 한자(漢字)의 뜻과 음(音)을 알아봅시다.

永 뜻 | 길 읽기 | 영	氺 → 永 여러 갈래의 물줄기가 합쳐져 흘러가는 모양을 본뜬 글자임.	• 이 한자는 무슨 뜻인가요?
久 뜻 | 오랠 읽기 | 구	久 → 久 사람의 등이 굽었으니 오래 산 사람이라는 데서 '오래'의 뜻이 됨.	• 이 한자는 무슨 뜻인가요?
保 뜻 | 보전할 읽기 | 보	人 + 口(입) → 保 (사람) 木(나무) 나무를 보호하자고 사람의 입으로 말한다는 데서 '보전'의 뜻이 됨.	• 이 한자는 무슨 뜻인가요?
存 뜻 | 있을 읽기 | 존	才 + 子 → 存 (재주) (아들) 부모의 은혜로 아들이 있다는 데서 '있다'의 뜻이 됨.	• 이 한자는 무슨 뜻인가요?
葉 뜻 | 잎사귀 읽기 | 엽	艹(풀) 世(세상) → 葉 木(나무) 풀같이 세상에 나온 나무의 싹이 잎사귀라는 뜻임.	• 이 한자는 무슨 뜻인가요?

◈ 아래 한자(漢字)의 뜻과 음(音)을 소리내어 읽으면서 써 봅시다.

永	길 **영**	길 영		
久	오랠 **구**	오랠 구		
保	보전할 **보**	보전할 보		
存	있을 **존**	있을 존		
葉	잎사귀 **엽**	잎사귀 엽		

◈ 아래 한자(漢字)를 쓰는 순서에 맞게 써 봅시다.

永	` ⺈ ㇇ 永 永 永					
久	ノ ㇇ 久 久					
保	ノ イ 伃 伃 伃 保 保					
存	一 ナ ナ 存 存 存					
葉	一 艹 艹 艹 莘 莘 葦 葉 葉					

활용 학습 (2)

一 생활 속의 한자

1) 아름다운 우리 國土를 永久히 保存해야 합니다.

2) 벌써 落葉이 떨어지는 것을 보니 겨울이 오는가 봅니다.

3) 고향은 누구나 永遠히 잊지 못합니다.

4) 우리 학교에는 어린이 保育 시설이 있습니다.

5) 작은 아버지는 말을 타다 落馬하였으나 다행히 다친 데가 없었습니다.

二 한자어 풀이

1) 永久(영구) : 끝없이 길고 오램.

2) 保存(보존) : 잘 지키어 간직함.

3) 落葉(낙엽) : 떨어진 나뭇잎. 나뭇잎이 저절로 떨어짐.

4) 永遠(영원) : 어떤 상태가 끝없이 이어지는 것.

5) 保育(보육) : 어린아이를 돌보아 기르는 것.

6) 落馬(낙마) : 말에서 떨어짐.

三 한자 생각 늘리기

▶ 한자의 쓰임

保 → 保有(보유), 保育(보육), 保安(보안)

落 → 落葉(낙엽), 落馬(낙마)

106

연습 문제

◑ 다음 한자(漢字) 중 물과 관련이 없는 한자(漢字)를 골라 ○표를 하여 봅시다.

1. ① 河 (   )   ② 川 (   )   ③ 山 (   )   ④ 湖 (   )

2. ① 土 (   )   ② 海 (   )   ③ 江 (   )   ④ 水 (   )

◑ 다음 한자(漢字)의 뜻과 음(音)을 써 봅시다.

3. 永 (   )   4. 存 (   )

5. 湖 (   )   6. 季 (   )

◑ 다음 한자어를 읽어 봅시다.

7. 保存 ◯◯   8. 永久 ◯◯

◑ 다음 뜻을 나타내는 한자어를 써 봅시다.

9. 물로 인한 피해

10. 잘 지녀 간직함

◑ 다음 뜻을 가진 한자(漢字)와 선으로 이어 봅시다.

11. 길다   •   • 永

12. 잎사귀   •   • 再

13. 다시   •   • 葉

11. 병원에 갔던 일

 기본 학습

◇ 병원과 병원에서 일하시는 분의 고마움을 생각하며 한자
어를 읽어 봅시다.

病院　　眼科　　視力

眼目　　學院　　順理

새로배우는한자

病 (병) 병들다　　※院 (원) 집　　眼 (안) 눈

視 (시) 보다　　順 (순) 순하다　　科 (과) 과목

108

◆ 다음 한자어를 소리내어 읽어 봅시다.

止血　　藥　　藥草

齒藥　　醫院

順序　　昨年

새 로 배 우 는 한 자

止 (지) 그치다　　藥 (약) 약　　齒 (치) 이

醫 (의) 의원　　序 (서) 차례　　昨 (작) 어제

◆ 그림을 보면서 한자(漢字)의 뜻과 음(音)을 알아봅시다.

病	→疒+丙→ 病 (병실) (밝히다) 병실에 불을 밝히고 아픈 사람을 돌본다는 뜻임.	● 이 한자는 무슨 뜻인가요?
뜻 병들 읽기 **병**		
院	→阝+宀元→ 院 (언덕) (집) (완전) 언덕 위에 완전하게 지은 집이 관청이라는 뜻임.	● 이 한자는 무슨 뜻인가요?
뜻 집 읽기 **원**		
眼	→目→目→ 眼 눈 안에 멈추어 있는 것이 눈알이라는 뜻임.	● 이 한자는 무슨 뜻인가요?
뜻 눈 읽기 **안**		
視	→示+見→ 視 (보이다) (보다) 신에게 보이려고 제사상을 차린다는 뜻으로 '보이다'의 뜻이 있음.	● 이 한자는 무슨 뜻인가요?
뜻 볼 읽기 **시**		
順	→川+頁→ 順 (물) (머리) 냇물이 흐르듯 머리로 지시를 순하게 한다는 뜻임.	● 이 한자는 무슨 뜻인가요?
뜻 순할 읽기 **순**		

◆ 아래 한자(漢字)의 뜻과 음(音)을 소리내어 읽으면서 써 봅시다.

病	병들 **병**	병들 병		
院	집 **원**	집 원		
眼	눈 **안**	눈 안		
視	볼 **시**	볼 시		
順	순할 **순**	순할 순		

◆ 아래 한자(漢字)를 쓰는 순서에 맞게 써 봅시다.

病	、 亠 广 广 疒 疒 病 病 病				
	病				
院	阝 阝 阽 阷 院 院				
	院				
眼	丨 冂 冃 目 甼 眼 眼 眼				
	眼				
視	丶 亠 亍 亓 示 和 祁 視 視				
	視				
順	丿 刂 刂 川 川 順 順 順				
	順				

一 생활 속의 한자

　1) 내가 사는 都市에는 큰 病院이 많습니다.
　2) 나는 눈이 아파 眼科에 갔습니다.
　3) 동생은 병원에서 視力 검사를 했습니다.
　4) 어머니는 그림을 보시는 眼目이 있으십니다.
　5) 동생은 방과후에 音樂學院에 갑니다.
　6) 모든 일을 順理대로 하여야 합니다.

二 한자어 풀이

　1) 病院(병원) : 질병을 치료하는 곳.
　2) 眼科(안과) : 눈에 관한 병을 치료하는 병원.
　3) 視力(시력) : 물체의 형태를 분간하는 눈의 능력.
　4) 眼目(안목) : 사람이나 물건의 가치를 잘 분별하는 능력.
　5) 學院(학원) : 일정한 학교의 자격을 갖추지 못한 학교.
　6) 順理(순리) : 도리에 순종함.

三 한자 생각 늘리기

　▶ 뜻이 같은 글자가 모여 만들어진 한자어
　　眼(눈 안) + 目(눈 목) ➡ 眼目(안목)
　▶ 모양이 비슷한 한자
　　視(볼 시) —— 觀(볼 관)
　▶ 음이 같은 한자
　　원 —— 院(집 원), 園(뜰 원), 圓(둥글 원)
　▶ '力'자는 원래 '력'으로 발음되지만 낱말 앞에 올 때는 '역'으로 발음됩니다.
　　視力(시력) ⟷ 力行(역행), 力道(역도)

 놀이 학습

◑ 다음 병원에 알맞은 그림의 번호를 ( ) 안에 써 봅시다.

眼 科	小兒科	外 科	齒 科
( )	( )	( )	( )

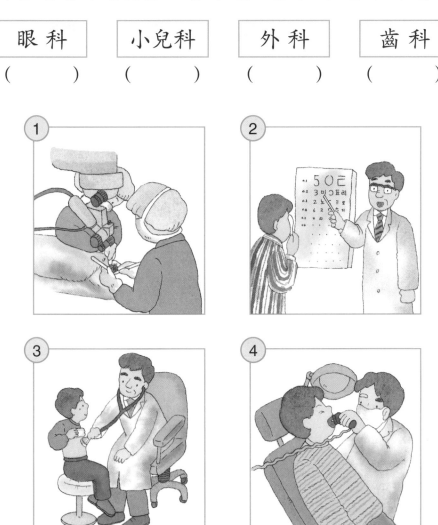

◑ 다음 환자는 어디로 가야 할까요? 위의 그림을 보고 번호를 써 봅시다.

이가 아파요	( )	눈이 아파요	( )

◆ 그림을 보면서 한자(漢字)의 뜻과 음(音)을 알아봅시다.

止 뜻 그칠 읽기 지	새가 다리가 묶여 날지 못하고 그치고 있다는 뜻임.	• 이 한자는 무슨 뜻인가요?
藥 뜻 약 읽기 약	(물) (온화함) 풀로서 병자에게 즐거움을 주는 것이 '약초' 라는 뜻임.	• 이 한자는 무슨 뜻인가요?
齒 뜻 이 읽기 치	입 안에 있는 이의 모양을 본뜬 글자로 '이'를 뜻함.	• 이 한자는 무슨 뜻인가요?
醫 뜻 의원 읽기 의	(화살에 찔린 상처) 医 + 殳 → 醫 (술) (두들기다) 화살에 찔려 푹 팬 상처나 두들겨 맞은 데를 술(알코올)로 소독하는 이가 의원이라는 뜻임.	• 이 한자는 무슨 뜻인가요?
序 뜻 차례 읽기 서	广 + 子 → 序 (집) (주다) 집에서 주는 차례를 기다린다는 뜻임.	• 이 한자는 무슨 뜻인가요?

114

�◆ 아래 한자(漢字)의 뜻과 음(音)을 소리내어 읽으면서 써 봅시다.

止	그칠 **지**	그칠 지	
藥	약 **약**	약 약	
齒	이 **치**	이 치	
醫	의원 **의**	의원 의	
序	차례 **서**	차례 서	

◆ 아래 한자(漢字)를 쓰는 순서에 맞게 써 봅시다.

止	丨 卜 止 止 止											
藥	艹 苩 茆 蓝 藥 藥 藥											
齒	丨 卜 止 止 歨 歨 歨 齒 齒 齒											
醫	一 丆 了 匚 歹 医 医 殴 殴 殴 殹 殹 醫 醫 醫 醫											
序	丶 亠 广 户 庐 序 序											

활용 학습 ⑵

一 생활 속의 한자

1) 보건 선생님께서는 피를 많이 흘리는 나를 止血부터 시켰습니다.
2) 나는 배가 아파 藥을 먹었습니다.
3) 한약방에는 여러 가지 藥草가 있었습니다.
4) 요즘에는 좋은 齒藥이 많이 나옵니다.
5) 우리 동네에는 醫院이 많습니다.
6) 병원에서는 접수 順序대로 진료를 해 줍니다.
7) 昨年에도 이 때쯤 이가 아팠는데, 올해도 이가 아팠습니다.

二 한자어 풀이

1) 止血(지혈) : 피가 멈춤.
2) 藥草(약초) : 약으로 쓰이는 풀.
3) 齒藥(치약) : 이를 닦는데 쓰는 약.
4) 醫院(의원) : 병을 치료하는 집.
5) 順序(순서) : 차례.
6) 昨年(작년) : 지난 지 1년이 되는 해.

三 한자 생각 늘리기

▶ 모양이 비슷한 한자
   藥(약 약) ── 樂(즐거울 락)

▶ 음이 같은 한자
   지 ── 地(땅 지), 指(가리킬 지), 志(뜻 지)

▶ 한자의 쓰임
   科 ➔ 小兒科(소아과), 國語科(국어과)

 연습 문제

◑ 다음 그림을 보고 알맞은 한자(漢字)와 선으로 이어 봅시다.

1.   •   •   眼 科

2.   •   •   齒 科

◑ 다음 한자어를 바르게 읽어 봅시다.

3. 病院 ◯ ◯   4. 視力 ◯ ◯

5. 齒藥 ◯ ◯   6. 醫師 ◯ ◯

◑ 다음 뜻과 음(音)에 맞는 한자(漢字)를 찾아 선으로 이어 봅시다.

7. 그칠 지 •   • 順

8. 순할 순 •   • 止

9. 차례 서 •   • 序

◑ 다음 뜻을 가진 한자어를 찾아 (　) 안에 그 번호를 써 봅시다.

10. 질병을 치료하는 곳 ·····························(　)
    ① 醫師   ② 視力   ③ 病院   ④ 藥師

11. 눈병을 치료하는 병원 ·····························(　)
    ① 眼科   ② 齒科   ③ 外科   ④ 內科

12. 병을 진료하는 사람 ·····························(　)
    ① 醫師   ② 藥師   ③ 教師   ④ 技師

117

12. 독서 지도

 기본 학습

◆ 독서의 중요성을 생각하며 한자어를 읽어 봅시다.

多讀 讀書 指名

合算 著書 指示

새로 배우는 한자

讀 (독) 읽다   書 (서) 글   指 (지) 가리키다

算 (산) 셈하다   著 (저) 짓다, 나타나다 示 (시) 보이다

◆ 다음 한자어를 소리내어 읽어 봅시다.

宿題　　問題　　題目

議論　　筆者　　計算

새로 배우는 한자

宿 (숙) 자다　　題 (제) 제목　　議 (의) 의논하다

論 (논) 의논하다　筆 (필) 붓　計 (계) 셈하다　否 (부) 아니다

◆ 그림을 보면서 한자(漢字)의 뜻과 음(音)을 알아봅시다.

讀	→ 言 + 賣 → 讀 (말) (팔다)	• 이 한자는 무슨 뜻인가요?
뜻 읽을 읽기 독	물건을 팔 때 소리를 지르듯 소리내어 책을 읽는다는 뜻임.	
書	→ 聿 + 曰 → 書 (붓) (말)	• 이 한자는 무슨 뜻인가요?
뜻 글 읽기 서	말한 것을 붓으로 옮겨 쓴 것이 글이라 는 뜻임.	
指	→ 扌 + 旨 → 指 (손) (뜻)	• 이 한자는 무슨 뜻인가요?
뜻 가리킬 읽기 지	손으로 가리켜서 모든 것을 나타낸다는 데서 '가리키다'의 뜻이 됨.	
算	→ ⺮ + 𦥔 → 算 (대나무) (눈 아래 주판을 든 모양)	• 이 한자는 무슨 뜻인가요?
뜻 셈할 읽기 산	대나무로 만든 주판을 눈밑에 받쳐 들 고 셈한다는 뜻임.	
著	→ ⺿ + 者 → 著 (풀) (사람)	• 이 한자는 무슨 뜻인가요?
뜻 지을, 나타날 읽기 저	풀밭에 많은 사람이 나타나서 글을 쓴 다는 데서 '짓다'의 뜻임.	

읽기·쓰기 학습(1)

◇ 아래 한자(漢字)의 뜻과 음(音)을 소리내어 읽으면서 써 봅시다.

讀	읽을 **독**	읽을 **독**		
書	글 **서**	글 **서**		
指	가리킬 **지**	가리킬 **지**		
算	셈할 **산**	셈할 **산**		
著	지을, 나타날 **저**	지을, 나타날 **저**		

◇ 아래 한자(漢字)를 쓰는 순서에 맞게 써 봅시다.

讀	言 計 譃 讀								
	讀								
書	⺕ ⺕ 聿 聿 書								
	書								
指	一 十 扌 扌 扌 指 指								
	指								
算	⺮ 竹 笛 笪 筫 算								
	算								
著	艹 艹 芏 芓 荖 著 著								
	著								

一 생활 속의 한자

1) 민호는 九月에 多讀賞을 받았습니다.

2) 가을은 讀書하기에 좋은 계절입니다.

3) 先生님께서는 책을 읽으라고 나를 指名하셨습니다.

4) 이번 시험에서 4과목의 合算 점수는 360점이었습니다.

5) 우리 선생님 著書 중에는 동화책이 많습니다.

6) 축구 감독님께서 선수들에게 작전 指示를 하셨습니다.

二 한자어 풀이

1) 多讀賞(다독상) : 책을 많이 읽은 사람에게 주는 상.

2) 讀書(독서) : 글을 읽음.

3) 指名(지명) : 여러 사람 가운데 누구의 이름을 정해 가리킴.

4) 合算(합산) : 모두 합하여 셈함.

5) 著書(저서) : 지은 책.

6) 指示(지시) : 가리켜 보임.

三 한자 생각 늘리기

▶ 음이 같은 한자

서 —— 書(글 서), 西(서녘 서)

▶ 한자의 쓰임

著 ➡ 著者(저자), 著書(저서)

● 지금까지 배운 한자(漢字)를 퍼즐로 익혀 봅시다. 〈가로〉, 〈세로〉의 열쇠에 있는 낱말을 한자(漢字)로 써 넣습니다.

①	②		③		④
			⑤	⑥	
⑦		⑧			
	⑨			⑩	
			⑪		

〈세로 열쇠〉

2. 인도(사람으로서 마땅히 지켜야 할 도리)

3. 출입(드나듦)

4. 등교(학교를 감)

7. 봄 · 여름 · 가을 · 겨울

8. 백색

10. 중간(가운데)

〈가로 열쇠〉

1. 부인(결혼한 여자) 5. 입학(학교에 들어감) 6. 학교 9. 황색

10. 중추(추석의 다른 말) 11. 인간

정답 ▶

123

◆ 그림을 보면서 한자(漢字)의 뜻과 음(音)을 알아봅시다.

宿 뜻 잘 읽기 **숙**	宀 + 佰 → 宿 (집) (백사장) 많은 사람이 머물렀다 가는 집이라는 데서 '자다'의 뜻임.	• 이 한자는 무슨 뜻인가요?
題 뜻 제목 읽기 **제**	是 + 頁 → 題 (바르다) (머리) 책머리에 바르게 내놓은 것이 '제목'이 라는 뜻임.	• 이 한자는 무슨 뜻인가요?
議 뜻 의논할 읽기 **의**	言 + 義 → 議 (말) (옳다) 말로서 옳은 방법으로 '의논한다'는 뜻임.	• 이 한자는 무슨 뜻인가요?
論 뜻 의논할 읽기 **논**	言 + 侖 → 論 (말) (뭉치) 말을 뭉치려고 의논한다는 데서 '의논 하다'의 뜻이 됨.	• 이 한자는 무슨 뜻인가요?
筆 뜻 붓 읽기 **필**	竹 + 聿 → 筆 (대나무) 대나무 붓대에 촉을 박은 것이 좋은 붓 이라는 뜻임.	• 이 한자는 무슨 뜻인가요?

◆ 아래 한자(漢字)의 뜻과 음(音)을 소리내어 읽으면서 써 봅시다.

宿	잘 **숙**	잘 숙	
題	제목 **제**	제목 제	
議	의논할 **의**	의논할 의	
論	의논할 **논**	의논할 논	
筆	붓 **필**	붓 필	

◆ 아래 한자(漢字)를 쓰는 순서에 맞게 써 봅시다.

宿	宀 宁 疒 宿 宿							
	宿							
題	日 旦 早 昇 是 是 題 題 題							
	題							
議	言 訁 言 訁 詳 誹 議 議							
	議							
論	言 論 論 論 論 論							
	論							
筆	⺮ 竺 竺 竿 筆 筆							
	筆							

활용 학습 ⑵

一 생활 속의 한자

1) 오늘은 선생님께서 宿題를 내주시지 않았습니다.

2) 국어 시험 問題가 너무 어려웠습니다.

3) 글짓기 題目은 '어머니'였습니다.

4) 우리들은 학예 발표회에 대해 議論하였습니다.

5) 그 책의 筆者를 만나 보고 싶었습니다.

6) 나는 다른 아이들보다 計算 속도가 조금 빠릅니다.

二 한자어 풀이

1) 宿題(숙제) : 가정에서 하는 과제.

2) 問題(문제) : 대답을 얻기 위해 내는 제목.

3) 題目(제목) : 글제 또는 겉장에 쓰는 책의 이름.

4) 議論(의논) : 어떤 일을 서로 묻고 이야기 함.

5) 筆者(필자) : 글쓴이.

6) 計算(계산) : 셈을 헤아림.

三 한자 생각 늘리기

▶ 말의 순서를 바꾸어도 뜻이 같은 한자

議論(의논) —— 論議(논의)

▶ 한자의 쓰임

論 ➡ 本論(본론), 結論(결론), 反論(반론)

否 ➡ 可否(가부)

 연습 문제

◗ 다음 한자어를 읽어 봅시다.

1. 讀書 ◯ ◯   2. 宿題 ◯ ◯

◗ 다음 낱말을 한자(漢字)로 바르게 쓴 것을 골라 (   ) 안에
번호를 써 봅시다.

3. 지도 .... (   )
① 指名   ② 指導   ③ 讀書   ④ 指示

4. 의논 .... (   )
① 議論   ② 論議   ③ 協議   ④ 言論

◗ 다음 한자(漢字)의 뜻을 보기 에서 찾아 (   ) 안에 번호를 써
봅시다.

| 보기 | ① 자다   ② 글   ③ 의논하다   ④ 붓 |

5. 書 (   )   6. 筆 (   )

7. 宿 (   )   8. 論 (   )

◗ 다음 한자(漢字)의 뜻과 음(음)을 바르게 연결해 봅시다.

9. 讀 •   • 의논할 의

10. 題 •   • 읽을 독

11. 著 •   • 지을 저

12. 議 •   • 제목 제

이 책에서
새로 배운 한자

※표는 중학교 교육용 한자 이외의 한자임.

부록

1. 자연 관찰

溫	(온)	따뜻하다
度	(도)	법도
寒	(한)	차다
冷	(랭, 냉)	차다
雲	(운)	구름
位	(위)	벼슬
觀	(관)	보다
察	(찰)	살피다
效	(효)	효험
能	(능)	능하다
降	(강)	내리다
常	(상)	항상
可	(가)	옳다

2. 다정한 친구

性	(성)	성품
竹	(죽)	대나무
往	(왕)	가다

告	(고)	알리다
朋	(붕)	벗
姓	(성)	성
談	(담)	이야기
笑	(소)	웃다
便	(편) 편하다, (변) 오줌
紙	(지)	종이
友	(우)	벗
氏	(씨)	성씨

3. 감정을 표현해 보자

喜	(희)	기쁘다
怒	(노)	성내다
哀	(애)	슬프다
樂	(락)	즐겁다
唱	(창)	노래부르다
報	(보)	갚다
悲	(비)	슬프다
快	(쾌)	즐겁다

悦　（열）　기쁘다
滿　（만）　가득하다
省　（성）　살피다
復　（복）　돌아오다

4. 은행가는 길

貴　（귀）　귀하다
呼　（호）　부르다
銀　（은）　은
貯　（저）　쌓다
客　（객）　손
合　（합）　합하다
財　（재）　재물
産　（산）　낳다
貧　（빈）　가난하다
富　（부）　부유하다
貨　（화）　재물
訪　（방）　찾다

5. 공장을 찾아서

完　（완）　완전하다

油　（유）　기름
製　（제）　짓다
造　（조）　짓다
給　（급）　주다
等　（등）　등급
品　（품）　물건
質　（질）　바탕, 묻다
改　（개）　고치다
善　（선）　착하다
良　（량）　좋다
場　（장）　마당

6. 시장 구경

商　（상）　장사
業　（업）　일
賣　（매）　팔다
買　（매）　사다
請　（청）　청하다
求　（구）　구하다
得　（득）　얻다
失　（실）　잃다
益　（익）　더하다

收　(수)　거두다

街　(가)　거리

巨　(거)　크다

7. 교통과 통신

移　(이)　옮기다

動　(동)　움직이다

步　(보)　걸음

飛　(비)　날다

故　(고)　옛, 연고

每　(매)　매양

通　(통)　통하다

信　(신)　믿다

發　(발)　펴다

達　(달)　이르다

鄕　(향)　시골

使　(사)　부리다

8. 복잡한 도시 생활

基　(기)　터

本　(본)　근본, 밑

建　(건)　세우다

設　(설)　세우다

屋　(옥)　집

船　(선)　배

都　(도)　도읍

起　(기)　일어나다

陸　(륙)　뭍

橋　(교)　다리

禁　(금)　금하다

根　(근)　뿌리

9. 나의 특기를 살리자

特　(특)　특별하다

技　(기)　재주

興　(흥)　일

味　(미)　맛

打　(타)　치다

者　(자)　놈, 사람

適　(적)　맞다

素　(소)　바탕

調　(조)　조사하다

運　(운)　옮기다

走　(주)　달아나다

부록

誠　　(성)　정성
※査　(사)　조사하다

10. 환경을 보존하자

湖　　(호)　호수
河　　(하)　물
害　　(해)　해롭다
再　　(재)　다시
季　　(계)　철
綠　　(녹)　푸르다
永　　(영)　길다
久　　(구)　오래
保　　(보)　보전하다
存　　(존)　있다
葉　　(엽)　잎사귀
落　　(락)　떨어지다

11. 병원에 갔던 일

病　　(병)　병들다
※院　(원)　집
眼　　(안)　눈
視　　(시)　보다

順　　(순)　순하다
科　　(과)　과목
止　　(지)　그치다
藥　　(약)　약
齒　　(치)　이
醫　　(의)　의원
序　　(서)　차례
昨　　(작)　어제

12. 독서 지도

讀　　(독)　읽다
書　　(서)　글
指　　(지)　가리키다
算　　(산)　셈하다
著　　(저)　짓다, 나타나다
示　　(시)　보이다
宿　　(숙)　자다
題　　(제)　제목
議　　(의)　의논하다
論　　(논)　의논하다
筆　　(필)　붓
計　　(계)　셈하다
否　　(부)　아니다

▨ 연구위원 ▨

· 김윤중 (일산 현산초등학교 교장)　　· 양세열 (광주 효동초등학교 교장)
· 이동태 (서울 예일초등학교 교장)　　· 홍진복 (서울 신사초등학교 교장)

▨ 집필위원 ▨

· 홍진복 (서울 신사초등학교 교장)　　· 이동태 (서울 예일초등학교 교장)
· 홍경희 (대구 송정초등학교 교감)　　· 양복실 (서울 수색초등학교 교사)
· 이영희 (한자사랑교육연구회 연구위원)

▨ 삽 화 ▨

· 김동문

초등 학교 **한자** 5 단계

2015년 1월 15일 3판 1쇄 인쇄
2015년 1월 20일 3판 1쇄 발행

지은이 · 홍진복 외 4인
발행인 · 유원상
펴낸곳 · 상서각 출판사

등록 · 2002. 8. 22 (제8-377호)
주소 · 서울시 은평구 불광동 268-5 201호
전화 · 356-5353　　FAX · 356-8828

8급 배정한자 (50자)

ㄱ	校	教	九	國	軍	金	ㄴ
	학교 교	가르칠 교	아홉 구	나라 국	군사 군	쇠 금, 성 김	
南	女	年	ㄷ	大	東	ㄹ	六
남녘 남	계집 녀	해 년		큰 대	동녘 동		여섯 륙
ㅁ	萬	母	木	門	民	ㅂ	白
	일만 만	어미 모	나무 목	문 문	백성 민		흰 백
父	北	ㅅ	四	山	三	生	西
아비 부	북녘 북		넉 사	메 산	석 삼	날 생	서녘 서
先	小	水	室	十	ㅇ	五	王
먼저 선	작을 소	물 수	집 실	열 십		다섯 오	임금 왕
外	月	二	人	一	日	ㅈ	長
바깥 외	달 월	두 이	사람 인	한 일	날 일		긴·어른 장
弟	中	ㅊ	靑	寸	七	ㅌ	土
아우 제	가운데 중		푸를 청	마디 촌	일곱 칠		흙 토
ㅍ	八	ㅎ	學	韓	兄	火	
	여덟 팔		배울 학	한국·나라 한	형 형	불 화	

7급 배정한자 (150자 〈8급 배정한자 + 신습한자 100자〉)

ㄱ	家 집 가	歌 노래 가	間 사이 간	江 강 강	車 수레 거·차	工 장인 공	空 빌 공
口 입 구	旗 기 기	氣 기운 기	記 기록할 기	ㄴ	男 사내 남	內 안 내	農 농사 농
ㄷ	答 대답 답	道 길 도	冬 겨울 동	動 움직일 동	同 한가지 동	洞 마을 동	登 오를 등
ㄹ	來 올 래	力 힘 력	老 늙을 로	里 마을 리	林 수풀 림	立 설 립	ㅁ
每 매양 매	面 낯 면	名 이름 명	命 목숨 명	問 물을 문	文 글월 문	物 물건 물	ㅂ
方 모 방	百 일백 백	夫 지아비 부	不 아닐 불·부	ㅅ	事 일 사	算 셈할 산	上 위 상
色 빛 색	夕 저녁 석	姓 성 성	世 인간 세	少 적을·젊을 소	所 바 소	手 손 수	數 셈할 수

市	時	植	食	心	ㅇ	安	語
저자 시	때 시	심을 식	밥·먹을 식	마음 심		편안 안	말씀 어
然	午	右	有	育	邑	入	ㅈ
그럴 연	낮 오	오른 우	있을 유	기를 육	고을 읍	들 입	
子	字	自	場	全	前	電	正
아들 자	글자 자	스스로 자	마당 장	온전 전	앞 전	번개 전	바를 정
祖	足	左	主	住	重	地	紙
할아비 조	발·넉넉할 족	왼 좌	주인 주	살 주	무거울 중	땅 지	종이 지
直	ㅊ	千	天	川	草	村	秋
곧을 직		일천 천	하늘 천	내 천	풀 초	마을 촌	가을 추
春	出	ㅍ	便	平	ㅎ	下	夏
봄 춘	날 출		편할 편, 오줌 변	평평할 평		아래 하	여름 하
漢	海	花	話	活	孝	後	休
한수 한	바다 해	꽃 화	말씀·이야기 화	살 활	효도 효	뒤 후	쉴 휴

6급 배정한자 (300자 〈7급 배정한자＋신습한자 150자〉)

ㄱ	各	角	感	强	開
	각각 각	뿔 각	느낄 감	강할 강	열 개
	京	計	界	高	苦	古
	서울 경	셀 계	지경 계	높을 고	쓸·괴로울 고	예 고
	功	公	共	科	果	光
	공 공	공평할·공변될 공	함께 공	과목 과	열매 과	빛 광
	交	球	區	郡	近	根
	사귈 교	공·구슬 구	구분할·구역 구	고을 군	가까울 근	뿌리 근
	今	急	級	ㄷ	多	短
	이제 금	급할 급	등급 급		많을 다	짧을 단
	堂	待	代	對	圖	度
	집 당	기다릴 대	대신할 대	대할 대	그림 도	법도 도
	讀	童	頭	等	ㄹ	樂
	읽을 독	아이 동	머리 두	무리 등		즐거울 락·노래 악·좋아할 요
	例	禮	路	綠	理	李
	법식 례	예도 례	길 로	푸를 록	다스릴 리	오얏·성 리
	利	ㅁ	明	目	聞	米
	이로울 리		밝을 명	눈 목	들을 문	쌀 미

美	ㅂ	朴	班	反	半
아름다울 미		성 박	나눌 반	돌이킬 반	반 반
發	放	番	別	病	服
쓸·필 발	놓을 방	차례 번	다를·나눌 별	병 병	옷 복
本	部	分	人	社	死
근본 본	나눌·떼 부	나눌 분		모일 사	죽을 사
使	書	石	席	線	雪
하여금·부릴 사	글 서	돌 석	자리 석	줄 선	눈 설
省	成	消	速	孫	樹
살필 성	이룰 성	사라질 소	빠를 속	손자 손	나무 수
術	習	勝	始	式	神
재주 술	익힐 습	이길 승	비로소 시	법 식	귀신 신
身	信	新	失	ㅇ	愛
몸 신	믿을 신	새 신	잃을 실		사랑 애
野	夜	藥	弱	陽	洋
들 야	밤 야	약 약	약할 약	볕 양	큰바다 양
言	業	永	英	溫	勇
말씀 언	일 업	길 영	꽃부리 영	따뜻할 온	날랠 용

用	運	園	遠	油	由
쓸 용	옮길 운	동산 원	멀 원	기름 유	말미암을 유
銀	飮	音	意	衣	醫
은 은	마실 음	소리 음	뜻 의	옷 의	의원 의
ㅈ	者	昨	作	章	在
	놈 자	어제 작	지을 작	글 장	있을 재
才	戰	庭	定	題	第
재주 재	싸울 전	뜰 정	정할 정	제목 제	차례 제
朝	族	晝	注	集	ㅊ
아침 조	겨레 족	낮 주	부을 주	모을 집	
窓	淸	體	親	ㅌ	太
창 창	맑을 청	몸 체	친할 친		클 태
通	特	ㅍ	表	風	ㅎ
통할 통	특별할 특		겉 표	바람 풍	
合	行	幸	向	現	形
합할 합	다닐 행	다행 행	향할 향	나타날 현	모양 형
號	畫	和	黃	會	訓
이름 호	그림 화	화목할 화	누를 황	모을 회	가르칠 훈

5급 배정한자 (500자 〈6급 배정한자 + 신습한자 200자〉)

ㄱ	價 값 가	加 더할 가	可 옳을 가	改 고칠 개	客 손 객	去 갈 거	擧 들 거
	件 물건 건	健 굳셀 건	建 세울 건	格 격식 격	見 볼 견	決 결정할 결	結 맺을 결	敬 공경할 경
	景 볕·경치 경	競 다툴 경	輕 가벼울 경	告 고할 고	固 굳을 고	考 생각할 고	曲 굽을 곡	課 부과할·과정 과
	過 지날 과	觀 볼 관	關 관계할 관	廣 넓을 광	橋 다리 교	具 갖출 구	求 구원할 구	舊 예 구
	局 판 국	貴 귀할 귀	規 법 규	給 줄 급	基 터 기	己 몸 기	技 재주 기	期 기약할 기
	汽 물끓는김 기	吉 길할 길	ㄴ	念 생각 념	能 능할 능	ㄷ	團 둥글 단	壇 단 단
	談 말씀 담	當 마땅할 당	德 큰 덕	到 이를 도	島 섬 도	都 도읍 도	獨 홀로 독	ㄹ
	落 떨어질 락	朗 밝을 랑	冷 찰 랭	良 어질 량	量 헤아릴 량	旅 나그네 려	歷 지날 력	練 익힐 련
	令 하여금 령	領 거느릴 령	勞 일할 로	料 헤아릴 료	流 흐를 류	類 무리·비슷할 류	陸 뭍 륙	ㅁ

馬	末	亡	望	買	賣	無	ㅂ
말 마	끝 말	망할 망	바랄 망	살 매	팔 매	없을 무	
倍	法	變	兵	福	奉	比	費
곱 배	법 법	변할 변	병사 병	복 복	받들 봉	견줄 비	쓸 비
鼻	氷	ㅅ	仕	史	士	寫	思
코 비	얼음 빙		섬길 사	역사 사	선비 사	베낄 사	생각할 사
査	産	商	相	賞	序	仙	善
조사할 사	낳을 산	장사 상	서로 상	상줄 상	차례 서	신선 선	착할 선
船	選	鮮	說	性	歲	洗	束
배 선	가릴·뽑을 선	고울 선	말씀 설, 달랠 세	성품 성	해 세	씻을 세	묶을 속
首	宿	順	示	識	臣	實	ㅇ
머리 수	잘 숙	순할 순	보일 시	알 식	신하 신	열매 실	
兒	惡	案	約	養	漁	魚	億
아이 아	악할 악, 미워할 오	책상 안	약속할·맺을 약	기를 양	고기잡을 어	물고기 어	억 억
熱	葉	屋	完	曜	要	浴	友
더울 열	잎 엽	집 옥	완전할 완	빛날 요	요긴할 요	목욕할 욕	벗 우
牛	雨	雲	雄	元	原	院	願
소 우	비 우	구름 운	수컷 웅	으뜸 원	언덕 원	집 원	원할 원

位 자리 위	偉 클·위대할 위	以 써 이	耳 귀 이	因 인할 인	任 맡길 임	ㅈ	再 두 재
材 재목 재	災 재앙 재	財 재물 재	爭 다툴 쟁	貯 쌓을 저	的 과녁 적	赤 붉을 적	傳 전할 전
典 법 전	展 펼 전	切 끊을 절, 온통 체	節 마디 절	店 가게 점	停 머무를 정	情 뜻 정	操 잡을 조
調 고를 조	卒 마칠·군사 졸	種 씨 종	終 마칠 종	罪 허물 죄	州 고을 주	週 주일 주	止 그칠 지
知 알 지	質 바탕 질	ㅊ	着 붙을 착	參 참여할 참	唱 부를 창	責 꾸짖을 책	鐵 쇠 철
初 처음 초	最 가장 최	祝 빌 축	充 채울 충	致 이를 치	則 법칙 칙	ㅌ	他 다를 타
打 칠 타	卓 높을 탁	炭 숯 탄	宅 집 택	ㅍ	板 널 판	敗 패할 패	品 물건 품
必 반드시 필	筆 붓 필	ㅎ	河 물 하	寒 찰 한	害 해할 해	許 허락할 허	湖 호수 호
化 될·화할 화	患 근심 환	效 본받을 효	凶 흉할 흉	黑 검을 흑			